古賀 正義 編著

学校のエスノグラフィー
―― 事例研究から見た高校教育の内側

嵯峨野書院

はじめに

　『学校のエスノグラフィー』というタイトルで，本を作ろうと思い立ってから，早くも数年の日々が流れてしまった。個人的な事情があったとはいえ，時間の過ぎるのは早く，当初から想を練り稿を著してくれた書き手の方々あるいはその稿に期待を寄せてくださった読者の方々には，編者として申し訳ないという想いが強い。とはいえ，こうして改めて出揃った各章を読み返してみると，月日の流れを感じさせない新鮮で意欲的な学校調査の研究が，教育社会学の視点に立ったさまざまな学校のケーススタディが，1つの本にまとめられたことの喜びの方が大きい。

　「エスノグラフィー」あるいは「参与観察」という言葉が，多くの研究者あるいは教育関係者にも理解されるようになってから，いったいどのぐらいになるのだろうか。80年代の初めには，客観性妥当性に乏しいとして，こうした方法は研究者によって軽視されており，その評価も低かった。というのも，現場の事実に即しつつ理論に接近することが，規範的アプローチとりわけ構造機能主義に代表される伝統的な一般理論の枠組みに適さないとされたからである。解釈的アプローチ導入以降，「新しい教育社会学」の流れが強まった90年代においてさえ，実証研究の成果の乏しさや理論的な革新への疑念は長く続いてきた。つまりこの方法は，学問世界での市民権をえにくかったのである。

　それでありながら，実践的な応用可能性が学問に求められる時代のなかで，多くの，とりわけ若い研究者が，こうした方法に拠りながら学校への接近を試みていった。臨床の知との格闘，ローカルノレッジの探求など学校現場の人々の日常知にアプローチしようと，受験体制・ジェンダー・いじめなどさまざまな課題に挑戦してきたのである。その成果は，『教育社会学研究』の投稿論文などの動向からも明らかであろう。

　そればかりでなく，エスノメソドロジーや構築主義など新しい社会理論の動きも，常識的な教育現象の相対視という視点を超えて，今日ではこうした

臨床的実践的な方法の可能性に手を貸そうとしている。他方で，質問紙調査やドキュメント分析などさまざまな調査法とも，いい意味で連携しながら，この方法の視点を活かす試みがなされてきている。さらには，「事例史」といったような，時間経過に即したローカルな歴史的視点を組み込んでいく調査研究も，多数試みられるようになった。

　こうした若い気鋭な研究者の学校研究をまとめて，学校をフィールドとした事例研究のさまざまなモデルを提示してみたい。そればかりでなく，エスノグラフィーのために学校に入る際の具体的な条件や問題点などもわかりやすく書き記しておきたい。調査に挑んだ人たちに寄り集まってもらって，その成果を共有しあえる「場」としての書物を，ブリコラージュとしての知の姿を提示してみたい。こんな想いを持ち始めたのは，ある意味でこうした研究のうねりを感じたからなのである。

　そうであるなら，「エスノグラフィー」という方法の視点や手続きだけを厳格に追求してみてもあまり実りあるものにはなるまい。むしろその方法論的な持ち味を活かすこと，その視点を活かして現場に参与する人の手助けになること。それらこそが重視されるべきである。

　小さな1つの学校からの調査であっても，学校制度の矛盾や教育実践の可能性などを描き出すことはできるということ。現場の文脈性に寄り添うことで，あるいはその学校の意味世界に寄り添うことで，マクロな社会的事実への新たな接近の視点を獲得することもできるということ。こうした現場調査の可能性を明示することに意義があるのであり，それによって，これから学校の事例研究を始めたい人，エスノグラフィーに挑んでみたい人を勇気づけることもできよう。

　そこで本書では，学校の現場調査ということに力点をおいて，エスノグラフィーという方法の視点を持った諸研究を，とりわけ制度改革の渦中にある高校での研究を，広い範囲で集めてみた。そのため，質的調査法ばかりでなく量的調査法を併用した研究も取り上げており，エスノグラフィーの方法論のみを習得したい人たちは違和感を覚えることがあるかもしれない。しかしその意図は，すでに述べてきたように，学校現場の知に接近するためのさまざまな方法の可能性の提示であって，いい意味で柔軟な方法の活用によって

現場研究の活路を広げていってほしいということである。それが，現実的な意味で，エスノグラフィーの方法的視点を理解し活用することにつながっていくものと期待している。

　最後になったが，本書の遅々として進まぬ編集作業を励まし勇気づけてくれた嵯峨野書院の竹内祐子さんはじめ編集部の方々にお礼を述べたい。また，執筆ばかりでなく助言や激励もしていただいた門脇厚司先生，また一昨年逝去された恩師で質的研究のオーソリティであった山村賢明先生にも改めて感謝の意を表したい。

　2004年2月

古賀　正義

目次

はじめに i

第1章　学校現場の知とエスノグラフィーの実践 ──〔古賀 正義〕1
バナキュラーな意味の世界を読み解くために

1．「プラクティショナー・リサーチ」のすすめから
2．バナキュラーな文脈のなかの日常世界
3．3つのエスノグラフィー
4．本書の構成とねらい

COLUMN 1

第2章　「科目選択」によるキャリア形成 ──────〔荒川 葉〕13
総合選択制高校の夢想

1．問題設定
2．A高校の概要・調査の概要
3．A高校の科目選択制の変容過程
4．実際の履修科目の変化
5．まとめ

COLUMN 2

第3章　学年制を崩すシステムと共生への試み ──〔遠藤 宏美〕41
単位制高校を事例に

1．はじめに
2．新しいシステムとしての単位制高校
3．A高校の歴史的・社会的文脈
4．A高校における「新しい意識」
5．共生への試み
6．おわりに

COLUMN 3

第4章　選別のなかに潜む「ジェンダー」 ────────〔李　敏〕63
進学向上策のなかの共学校

1．はじめに
2．調査の対象と方法
3．科目の選択及び進路決定とジェンダーの影響
4．まとめ

COLUMN 4

第5章　ローカリティーを生きる ────────〔石戸谷 繁〕93
「郡部校」生徒の進路選択

1．問題の設定
2．進路選択の環境
3．生徒の進路選択
4．学校の進路指導
5．地域重視の実際
6．おわりに

COLUMN 5

第6章　「縦割り学級」の学校文化 ────────〔荒川 英央〕123
伝統校エトスの伝承と転換

1．はじめに
2．調査と対象校の概要
3．新制若狭高校の教科選択制・縦割りホームルーム制
4．授業クラスの固定化とホーム制存廃論議──1959（昭和34）年の危機
5．異質ホームの変容とクラスの通常化
6．ホーム制と進学指導の両立の模索
7．ホーム制廃止後の若狭高校──教育理念の継承と実践の再構築

8．結び

COLUMN 6

第7章　学校化社会のなかの「中退問題」 ──────〔古賀 正義〕 155
　　　　教育困難校の事例から

1．局所化する「中退問題」
2．「人生の危機」としての中退
3．事例研究のねらい
4．生活スタイルの矛盾のなかの退学
5．高校のネガティブ・チャーターとのせめぎ合いとしての退学
6．社会関係資源の転換としての退学
7．「退学問題」を読み変える生徒たち

COLUMN 7

第8章　ブリコラージュ化する高等学校 ──────〔門脇 厚司〕 179
　　　　変身する新制高校の足跡と実際

1．はじめに
2．膨張し続けた新制高校
3．変身を余儀なくされた高校
4．東京都における高校変身の事情と経緯
5．東京都の新構想高校を観る
6．おわりに

文献リスト　201
おわりに　205
索引　207
執筆者紹介　211

■扉写真・林 篤弘

第1章
学校現場の知とエスノグラフィーの実践
バナキュラーな意味の世界を読み解くために

古賀 正義

　高校をフィールドに事例研究を始めたい。そう思っている人も、躊躇することがあるかもしれない。現場に入れてもらえるのか、関係者に迷惑がかからないのか、成果をまとめられるのか。そんな想いのどこかに、エスノグラフィーという方法への経験の乏しさや信頼感の欠如が横たわっているのである。だが、この方法はいまや知の革新の担い手であり、多くの人にバナキュラー（現地の文化）な知への接近を可能にする手だてなのである。

　エスノグラフィーの研究視点を学んで、自分なりにこの方法を活用するためのトレーニングを始めよう。毎日の生活を反省的に振り返り、その世界の成り立ちを記述していこう。日常性に密着しているこの方法は、研究法の本を読みつつ、生活の中で実践的に分析力を鍛え上げていくしかないのだ。本章では、こうした定型性に乏しいが柔軟性に富んだ、エスノグラフィーという方法の今日的意義を紹介してみることにしたい。

第 1 章

1.「プラクティショナー・リサーチ」のすすめから

　ここに日本ではあまりお目にかかれないタイトルの一冊の本がある。『あなた自身の学校を調査すること：教育者のための質的調査研究入門』(Studying Your Own School : An Educator's Guide to Qualitative Practitioner Research) というものである。[1]

　自分の学校を，当事者の教師たち自身が調査する。それも，いわゆるアンケート調査ではなく，インタビューや参与観察，日誌分析など質的な調査技法を用いて実施する。それ自体，授業改善など限られた目的を別にすれば，わが国ではおよそ考えられないことであり，組織の和が強調される学校現場では「内部告発」と疑われる可能性さえあるだろう。もちろん，調査の客観性妥当性という点から，利害関係の生じる当事者の調査が信頼できるのかという疑問も生じるかもしれない。

　ところが，教育経営の研究者である著者アンダーソン，G.L.らは，教育の実践者が現場を「調査すること」の意義をより積極的に評価しようと主張している。それも，教育実践を改善しプランニングするための情報収集という従来の調査の目的からではなく，調査活動自体の実践としてのプラグマティックな性格にその根拠を求めているのである。いわば「すること」(doing sociology) にこそ意義があるというのだ。

　彼らによれば，こうした調査の有効性は主に2つあるという。まず第1に，現場の特定の文脈において，教育実践の課題を反省的に理解しなおすことが可能となる。いいかえれば，日々の教育実践のなかで自明視され充分意識されない問題点を，観察や聞き取りのなかから自覚することができる。その意味で，教師が教育実践の担い手として職務の意味を再帰的（reflexive）に把

握する活動となり，調査が現場の課題が持つ意味を検討する実践となるのである。

　他方で，こうした課題は学校内の異なった役割や立場を担う参加者たちに共有されていかなければならない。だが，実際には，その理解を巡って政治的な駆け引きや葛藤が生じやすい。課題の重要さはあらかじめ一義的に決定されているのではなく，参加者相互の理解と協働作業によって決定されていくものだからである。

　そこで，第2に調査活動の実践は，人々の立場の違いを相互に認識理解し，互いのコラボレーション（collaboration）を推し進めることに貢献していくという。調査を通して参加者の意味づけの違いが認識されることは，その結果以上に，課題の調整や達成に寄与していくことになると考えられる。

　彼らは，こうしたいわば調査の啓発的な意義を，さまざまな教育調査運動の展開と結びつけ歴史的に跡付けている。例えば，戦後のアクションリサーチ（action research）運動の隆盛や60年代から始まったイギリスの教師＝調査者（teacher-as-researcher）運動，あるいはフレイレ，P. の参与調査（thematic research）による識字運動など，現場調査は学校の独自な政治的社会的構造の変革に向けてさまざまな形で試みられてきた。改めて調査のこうした実践的な意義を重視しながら，その活動を再考してみるべきだ。だからこそ，「プラクティショナー」すなわち実践者あるいは参加者の調査という包括的な名称を提案しているというのである。

　誤解を避けるためにいえば，彼らは現場の教師も教育調査に参加できるとか参加すべきだということを主張しているのではない。実際現場の当事者が調査にどれほどの労力を割けるのかは疑問だともいえる。むしろここで主張されているのは，現場の制度的歴史的文脈のなかで，教育に携わる人々の認識が持つ重みやその革新をすすめる方法論の重要性なのである。いいかえれば，現場でのステレオタイプな理解の見えにくさとその転換に果たす調査実践という作業の大切さなのである。個人のレベルを越えて学校現場の共同体へ気づき（awareness）を押し広げていく方法として，調査という戦略があるという提案なのである。

　教育研究の実践的な応用可能性が求められる今日，現場に密着した調査の

意義を考えるうえで，この論考は示唆に富む。調査を，精確な情報の獲得から現場の文脈における出来事の意味を理解し認識する実践へと転換させる試み。このパラダイム転換は，研究者のためだけの調査ではなく，教師や父母など現場の多様な参加者を巻き込んだ臨床的で活動的な調査のあり方を検討するための起点になるといえるだろう。

2．バナキュラーな文脈のなかの日常世界

では，なぜこの転換にとって量的調査法ではなく質的調査法なのだろうか。その理由は，一言でいえば，現場の課題がその場の状況に応じた人々の多様なリアリティによって重層的に構成されているからなのである。

従来の調査は，学校の課題を一般化し普遍化することによって，その結果から政策科学的な貢献を果たすことを強調してきた。いわばマクロ社会構造やデモグラフィックな要因と調査結果を結びつけることによって，汎用可能な教育の方略が見出しうるとされた。もちろん国家や自治体の教育問題に対する対策の策定などでは，こうした視点も必要である。そこで，量的調査に代表される標準化された調査の手続きが重視されてきた。

しかしながら，教育現場の調査では，むしろ教育の課題が理解されるローカルな文脈が重要である。この文脈は，出来事やその語りの歴史的な積み重ねによって構築されている。いわばいまここの出来事を理解する前提となる知のアーカイブ（貯蔵庫）なのである。社会学者ミラー，G.らは，知の政治的歴史的な力を含意しながら，「バナキュラーな源泉」(vernacular resources)すなわち，「現地の文化の源泉」という表現を用いているが[2]，現場に参加する人々にとって固有な意味づけと理解を生み出す文脈がなければ，現場の生活世界を支えることは困難である。

その際こうした文脈は，現前として存在するのではない。つまり，拘束力を持つ社会環境や条件として物理的に存在するだけでは，学校の実践者に了解することはできない。あくまでも人々の日常的な発話や行為の繰り返しのなかから表出され意味を付与されることで，「活きた文脈」として機能するのである。聞き取り調査や参与観察が有効となるのは，こうした表出や意味

付与の過程に立会い，相互行為のなかから意味の世界を経験できるからに他ならない。それは，現場の課題を現場の文脈から，つまり内側から理解することである。

　そればかりでなく，質的調査法は，現場での参加者の役割や立場の違い，いわば参加者相互の社会関係に対応した調査を展開することもできる。言語学者バフチン，M. も指摘するように，現場の課題は議論や論争のなかに端的に現れるという[3]。つまり，互いの社会関係を埋め込んだ対話のなかから，現場の課題がみえてくるのである。

　その際，本来異種混交した現場の人々の声に秩序を与え，より大きな声に回収しようとする認識の力学が働いてくる。これを感じとり記述しながら，そうではないオルタナティブな理解や異なるリアリティにも目を向けることが重要となる。つまり，現場の人々のリアリティが分裂していることや多元的であることを理解することが，イノベーションの糸口を探索し現場の参加者のエンパワーメントを可能にする調査の実践では必要になってくる。

　質的調査法は，こうした現場の人々の声に耳を傾けることが可能な技法の集まりだといえる。前述したアンダーソン，G. L. らは，調査の実践という視点にとって妥当な技法は多様であることを強調したうえで，エスノグラフィーをはじめとする質的方法の弱点とされてきた主観的個別的な調査者の解釈が，現場改善の声の反復を促す有効な戦略として再認識されるべきだと論じている。もちろんそれは調査手続きの遵守を軽視するものではなく，バナキュラーな文脈の知を生成する技法としての調査法の可能性を模索するものなのである。

3．3つのエスノグラフィー

　いま一度繰り返しておけば，プラクティショナー（参加者）としての実践的な意味づけに寄り添いながら調査すること，そのために現場のバナキュラーな文脈に参与しながら調査をすすめること。こうした視点が「調査者」という役割に求められるのが，「学校現場調査」の特質なのである。調査を実践する人は，研究者であれ教師であれ，現場で問われている問題から離れて

研究関心を持つことはできないのであり，その意味づけ自体の仕組みや問題点を総合的に理解し分析することに力点を置かねばならない。

　もちろんそれは，マクロな社会構造から日常の世界を読み解くのではなく，エスノメソドロジーの論者なども指摘してきたように，日常のミクロな世界の存立から社会の構成原理を読み解こうとする方法論なのである。いいかえれば，徹底して現場の意味理解に拘ることからはじめて，大きな社会における理解の普遍性や偏在性にも充分に接近できるというアプローチなのである。「エスノグラフィー」は，参与という姿勢をとることで，こうした現場調査の方法論的な特徴を直接体現しているといえ，特定の学校事例の選択に際してもこうした理論的な背景や調査の視点が大切になってくる。

　とはいえ，ここで注意しておかなければならないことは，調査のねらいと調査技法の選択あるいは手続きとの関わりである。つまり，前者が研究の理論に関わる事項であるとすれば，後者は方法の技術に関わる事項であるといえ，両者の関係は一義的ではない。例えば，同じ参与観察を行うにしても，行動のタイプと頻度を記録するようなエコロジカルな分析をする場合と行動の動機や背景を読みこむような解釈的分析をする場合とでは，この方法の意味は変わってくるのである。

　そこで，エスノグラフィーには大きくわけて3つのタイプが設定できるといえるだろう[4]。それらは，客観主義的エスノグラフィー，主観主義的エスノグラフィー，構築主義的エスノグラフィーである。

　客観主義的エスノグラフィーは，現場の問題が生じる原因と結果を分析するために，特定の問題に関わる要素を取り上げ，その相互関係を観察や聞き取りの結果などを踏まえて検証していく。いわゆる仮説検証による実証主義の方法論を参与観察に導入していくものである。

　主観主義的エスノグラフィーは，現場の問題の意味解釈を理解するために，トピックとなる発話や行為を取り上げ，調査者がその意味をより深く厚く解釈し記述していく。いわば文脈内在的な解釈主義の方法論を導入するものであり，調査者の活き活きとしたリアリティの経験を包括的総合的に伝えようとすることに主眼が置かれる。

　最後の構築主義的エスノグラフィーは，前の2者が現場の課題とその諸事

実を静態的に分析しようとするのとは異なった視点に立つ。ここでは，調査者は現場の人々がどのような条件に着目していかなる問題を設定していくのか，その過程の構造を理解しようとする。いいかえれば，現場の意味世界の構築が可能となる方法を理解することに主眼が置かれる。そのため，現場でのリアリティの分離やせめぎあいに着目し記述することがきわめて重要になる。

　こうした3つのタイプの方法は，それぞれに異なった現場へのアプローチを可能にする。そのため，アンケート結果や文書資料，個人事例の活用なども，それぞれの立場によって有効性が異なってくるといえる。

4．本書の構成とねらい

　本書では，前述したような3つのそれぞれの立場に立つ現場調査を，すなわち1つの学校に焦点化して教育現場の課題を描く調査を，6つ取り上げて具体的に紹介することにし，最後に高校改革の全体像を描く章も付した。そこには，歴史的な経緯に力点を置くものもあれば，聞き取りの事例に重きを置くものもあり，客観主義（例えば第4章）から主観主義（例えば第3章），構築主義（例えば第7章）まで，読み取れる調査のスタンスも異なっているが，現場の課題に接近しつつ教育制度の今日的な課題に迫ろうとしている点では，どの論考も共通している。

　ここで高等学校の調査のみに限定したのは，かつて文化人類学者ローレン，T.が70年代の『日本の高校』を描いたことに倣って[5]，制度改革と青年の変質の間で揺れ動く今日の高校教育現場を描いてみたいと思ったからである。また，実際にフィールドワークする場合にも，高校は小中学校に比べて学校の裁量権が強く参与しやすい場であるという現実的な理由もあったといえる。

　詳しくは各章を読んでいただきたいのだが，まずは簡単に紹介をしておきたい。

　第2章では，近年高校改革の目玉として期待された総合選択制高校が取り上げられている。ここでは，当初自由な科目の選択が可能になるという構想が出され多くの期待が寄せられたが，実際にはカリキュラム編成を行ううえ

で障害に突き当たり，現場の教師にとって可能な選択方法へと変更が加えられた。その顛末を詳述し，現場にとっての改革の問題点を問うている。

第3章では，定時制のリニューアルとして期待を寄せられた単位制高校の事例が取り上げられている。ここでは，学年制に慣れ親しんだ教師たちが新たな生徒の編成に戸惑いながらも，多様な生徒へのよりよい対応を試みようとしていく姿が，共生という視点から描かれている。

第4章では，進学向上策を採用してよりよい大学への進学を増やそうとしている地方の進学校が取り上げられている。ここでは，とりわけ進学に消極的であった女子生徒に高校側からもさまざまな進路の可能性が示され，彼女たちのキャリア設計が多様化していく様子が，歴史的な進学状況の変化とともに示されている。

第5章では，東北地方の，就職先が限定された地域で，困難な進路指導に取り組むローカルな高校のケースが取り上げられている。ここでは，生徒の地域を優先する進路選択のあり方と現実の就職状況とのギャップが課題となり，進路指導が変容した経緯を，就職困難状況が常態化する前の90年代後半の時代を背景に描き出してみせている。

第6章では，歴史ある地方の伝統校で継続されてきた縦割り学級の制度が変容し解体していく顛末を描き出している。ここでは，通常問題とされにくい「授業クラス」という概念が，進学指導との関係のなかで絶えず議論され改編されていく経緯が，高校のエトスいわば教育の理念的価値との関係のなかで描かれている。

第7章では，中退者が頻出する地方の私立高校で，退学問題をどのように位置づけ学校の意義をどのように理解しなおしていこうか模索する退学者や教師らの姿が描かれる。ここでは，退学のステレオタイプな理解と異なった，ライフスタイルの転換として，問題を読み替える言説の存在がクローズアップされる。

第8章では，東京都の新しい高校の構想のなかで，エンカレッジを促進する新たな仕組みの導入によって設立された学校の現状を分析している。また，90年代の高校制度改革を総括しながら，さまざまな高校の姿が登場せざるをえなかった高校教育の位置づけを行い，ブリコラージュ化する高校としてま

とめている。

　これらの論考は，高校の歴史的社会的文脈を踏まえて，ある高校の内側から制度の意味や実践の意味を問いかけている。その点で，高所からの高校教育論ではない，高校の日常世界とその歴史的な変容がわかりやすく読み取れるようになっている。

　さて，長々とした前書きはこのぐらいにして，早速各章に入っていくことにしよう。

注
1) Anderson, G. L., Herr, K. & Nihlen, A. S. 1994 'Studying Your Own School : An Educator's Guide to Qualitative Practitioner Research' Sage.
2) Miller, G. & Holstein, A. (eds) 1993 'Constructionist Controversies : Issues in Social Problems Theory' Aldine De Gruyter.
3) バフチン，M. 桑野　隆ほか編訳 2002『バフチン言語論入門』せりか書房。
4) 拙稿 2001『〈教えること〉のエスノグラフィー——「教育困難校」の構築過程』金子書房。
5) ローレン，T. 友田泰正訳 1988『日本の高校—成功と代償』サイマル出版会。

COLUMN
Number 1

エスノグラフィーのいま

　エスノグラフィーの研究者になり，こうした方法論の著作を著すようになったいまでも，理論的な方法の理解よりも実際に経験した調査の実感がかけがえのないものだと思ってしまう。現場に行って体得した技術はいつも私を支えてくれている。

　ちょうど1980年代の初め，大学院の修士論文作成のためにはじめて教育困難校を訪ねた時，校長が「ここで，教えようなんて気にならないでください。ここはあなたの想像する高校とは違うんですから。ここは，大変な高校なんですから。」と，「ここは」を何度も繰り返していたことが，昨日のことのようによみがえってくる。この現場の言葉が，事例研究の発想を支えているのかもしれない。

　実際，学校のなかに入れば学校がわかるというのは幻想である。入って事実を知れば知るほど，人に伝えられるものに書きまとめることは難しくなっていく。「こうもあり，ああもあった」と，さまざまな事実が頭をかけめぐってしまうのだ。精確に記録を取り，積み上げていく実践が，この方法には欠かせない。

　ある本のインタビューによると，エスノグラフィーの先駆者佐藤郁哉氏が，恩師のサトルズ教授に，「まずその場のシーン（状況）を書きとめることからはじめなさい。そして，人の言葉を書き記し続けなさい。」といわれたそうだが，迷宮の構図に巻き込まれないようにするには，まずはノートを取り，道しるべをつけるしかないのである（北澤毅・古賀正義編『新・〈社会〉を読み解く技法』近刊予定）。

　今回，女子高校で聞き取りをした（本書第7章所収）が，私が男性ということで聞きにくいことや聞けなかったことも多かった。また，事件や事故などプライバシーに関わる情報も多く，記述できない内容もあった（こうしたインタビューの一部に同行した，木村由希は幼稚園の教師という立場から，新鮮な感覚で高校生と接していた。この様子は，第7章のコラム所収）。だが，多くの現場の方々が卒直に話をしてくれ，調査に協力してくれたお陰で，貴重な調査研究を行うことができた。

　また，アメリカ在住の犯罪社会学者の友人に研究の意義を話してもらって，先生方から退学した生徒たちの連絡先を教えていただくことができた。それらは転居や電話番号の変更があり，充分には活用しきれなかったが，大変重要な情報だった。さらに，生徒や先生方などさまざまな手立てをとって，少ない情報を芋づる式にたどることもあった。

　現場の人に会っても，それほど目新しい事実に出会うわけではなかったりもし

た。すぐに無口になり，何の話も出にくくなって，私だけが話しているということもあった。それでも，当事者に会ってその場に生きてきた実感を知りたいと思ってしまう。その声が，研究者にとっても大事なものだと感じる。それはきっと，教育改革論議の枠組みの外にあって，その状況に巻き込まれながら，小さな声しか上げられない現場の人たちに接して，その声の持つ重みを，単なる同情を越えて拡声していくことが大切だと思うからだろう。

　そんな現場に生きて，その知を読み取れるような深い洞察力と実践力を持ちたいと願い続けているのだが，現実は結構厳しいように思える。エスノグラフィーの旅をこうして試み続けることが，私の大切なフィールドワークの作業なのである。

（**古賀　正義**）

第2章
「科目選択」によるキャリア形成

総合選択制高校の夢想

荒川 葉

　1984〜87年の臨時教育審議会以降，教育政策は個性化，多様化の方向に大きくシフトしてきた。特に高校においては特色ある学科・コースの設置や，多様な選択科目から個別の時間割を組ませる総合学科の導入など，従来の「画一的」な高校教育を大幅に修正するような政策が盛んに実施されてきた。しかし，こうした制度改革が，教育内容の多様化をもたらしてきたかというと，必ずしもそうは言えない。すでにいくつかの事例研究が，実践校の教育内容が従来の高校教育との微細な差異化に止まっていることを明らかにしてきたからである。いったいなぜ高校は特定の科目に生徒を「枠付け」て学習させようとするのだろうか。そこにはどのような要因が存在しているのか。このような関心から本章では，大幅な科目選択制を導入し，「新タイプの高校」の象徴とされた総合選択制高校A高校が，再び国数社理英の科目に生徒を枠付けるに至る過程を時系列的ケース・スタディにより解明する。そのことを通して，画一的な学校カリキュラムを支えてきた学校基盤を照射することを試みる。

第 2 章

1. 問題設定

　1984～87年の臨時教育審議会以降，教育政策は個性化・多様化の方向に大きくシフトしてきた。ユニークな名称を冠した「特色ある学科・コース」の設置や，単位制を導入した単位制高校の設立，さらに選択科目から個別の時間割を組ませる総合選択制高校・総合学科の設置など，高校の教育内容を大幅に修正するような改革が推進されてきた。

　このように高校で多様化・個性化政策が推進された背景には，既存の高校教育に対する問題認識があった。これまで日本の高校は，画一的なカリキュラムの下に序列構造を形成し，いわゆる「輪切り選抜」を行ってきた。生徒は関心や希望進路に関わらず，成績に応じて高校や高卒後の進路が規定される傾向があり（藤田，1980；岩木・耳塚，1983），普通科非進学校における学習の無目的化や専門学科への不本意入学が長らく問題とされてきた。高校の個性化・多様化政策は，①興味・関心・希望進路に応じた選択学習の機会を提供することで生徒に学習へのインセンティブを与えると同時に，②偏差値によって決定される進路選択から興味・関心を重視した進路選択への転換を促し，高校の序列構造や輪切り選抜の構造を変革することを目的としたのである。

　しかし，改革が進行するなかで，政策が意図したように高校の教育内容が多様化したかというと，必ずしもそうとは言えない状況である。例えば荒牧・山村（2000）は，特色あるコースのカリキュラムが，実際には文系／理系，進学／非進学という旧来の類型とさほど変わらない内容になっていることを指摘している。また，総合選択制高校，総合学科において事例研究を行った菊地（1996），小川（1997），岡部（1997）は，「自由な科目選択」を標榜するこれらの高校でも，大学入試科目や前身校の学科枠組みに沿った科目を生徒

にとらせるように教師が指導していることを報告している。学習指導要領の必修科目単位数も少なく押さえられ，県からの財政支援も受け，多様な選択学習への条件が整えられながら，高校が「画一的」な教育内容を維持しようとしているのである。

　いったいなぜ高校は特定の科目に生徒を「枠付け」[1]て学習させようとするのだろうか。「個性化」「多様化」の理念から実態が乖離していくプロセスには，どのような契機が存在しているのだろうか。この点を解明するためには，高校を拘束する社会的文脈から，高校の教育活動を組織化する教員のパースペクティブまでを，1つ1つ解きほぐして検証する必要がある。この課題を遂行するために，事例研究は有効な調査方法であると思われる。高校がある教育活動を採択していくプロセスや，その採択に影響した要因を，対象校の経験に沿って正確に描き出すことができるからである。

　このような問題認識から本章では先導的総合選択制高校A高校が辿った経緯を事例的に解明する。A高校は大幅な科目選択制を導入し，「新しいタイプの高校」の象徴的な存在とされた高校であった。しかししだいに生徒の科目選択を枠付けるようになり，現在はほとんど選択の幅がない中で生徒の科目選択が行われている。本章では，A高校がどのような過程を経て生徒の科目選択を枠付けるようになったのかを事例的に解明し，画一的な学校カリキュラムを支える学校基盤を照射することを試みる。

2．A高校の概要・調査の概要

　まずA高校の概要から見ていく。A高校は1984（昭和59）年に全国で初めて作られた総合選択制高校である。高校教育開発研究プロジェクトチーム（1979）[2]が提示した「集合型選択制高校（同一敷地内に複数の高校を設置し，相互の交流・連携を認め選択制の実質的な拡大を図る）」の構想をB県が独自に発展させ，1校の中に多様な選択科目を設置する総合選択制高校としてA高校を設立した。総合選択制高校という形態はA高校が打ち出したといっても過言ではない。A高校はその後設立される総合選択制高校，総合学科のモデルにもなる。

Ａ高校の第１の特徴は大幅な科目選択制を導入している点にある。Ａ高校は学系という緩やかなコースのようなものを設置しており，生徒は必修科目の他に学系ごとの学系科目も履修するが，残りの自由選択科目の部分では，自由に科目を選択できるようになっている。また学系自体も人文，理数，語学（語学はさらに英語，フランス語，ドイツ語，中国語に分かれる），体育，芸術（芸術はさらに音楽，美術，工芸，書道に分かれる），生活科学，情報経営と多岐にわたっている。[3]学系は推薦入学者については入学時に決定するが，一般入学者は１年次の１学期末に決定する。また自由選択科目も１年次の７月末に決定する。この自由選択科目と学系の選択に関しては，ＬＨＲ（ロングホームルーム）などの時間で体系的な指導が行われている。

　またＡ高校は学校規模の面でも異例な存在であった。Ａ高校は多様な科目選択を可能にするだけの教員数，教室数を確保するという観点から，3校規模を１校として運営する大規模校として設置された。[4]1997（平成９）年度時点のデータになるが，生徒総数は2,893人で，約40％の生徒が推薦で入学している。[5]教職員数は計228人で，教科別に国語が30人，社会が22人，数学18人，理科14人，保健体育22人，音楽８人，美術６人，工芸２人，書道２人，英語42人，フランス語５人，ドイツ語２人，中国語２人，家庭９人，農業２人，工業３人，商業７人となっている。これだけの人的資源に支えられ，開設される講座数はおよそ160にも及ぶ。[6]Ａ高校は，まさに「選択」の理念を形にしたような高校であった。

　しかし，筆者が教員対象の聞き取り調査や校内資料の文献分析を行ったところ，上記の大枠は変わらないものの，自由選択科目単位数や講座の履修要件まで見れば，生徒の選択を狭める形態に変化していることがわかった。そこで，(a)教育課程，(b)講座の内容，(c)講座履修の条件・ガイダンスの内容，(d)教師の科目選択・学系選択指導の方針の４点に着目して，年代順に整理したところ，およそ５つの段階を経て，Ａ高校の科目選択制が変容していったことが明らかになったのである。各時期区分の特徴を，あらかじめ示すと以下のようになる。

　①第１期（1984年度春〜1984年度夏）：当初は選択の幅も広い。20〜24単位に及ぶ自由選択科目も開設講座から自由に選択できるシステムになっていた。

図表2-1　科目選択制の変容過程

年度		(a)教育課程				(b)講座の内容	(c)講座履修の条件・ガイダンスの内容	(d)教師の科目選択・学系選択指導の方針
		総単位	必修	学系指定	自由選択	自由選択割合			
第1期	1984年度春～1984年度夏	102	47	20～24	20～24	21.5～25.5%			学系・自由選択科目を自由に選ばせる方針
第2期	1984年度秋～1985年度							講座展開例・モデルプランの生成	モデルプランを推奨
第3期	1986年度～1993年度							学系説明会の形態の変更	
第4期	1994年度～1996年度	96	49	12～20	12～20	13.8～23.0%	一部の教科で講座の専門化		
第5期	1997年度～	96	55	16～20	8～14	9.2～16.1%			

自由選択科目が教科・科目総単位数に占める割合は21.5～25.5%である。講座の内容も基礎的な講座から趣味・教養的な講座まで多岐にわたっていた。教師も学系・科目を生徒に自由に選ばせる方針だった。

　②第2期（1984年度秋～1985年度）：各時間帯で開かれる講座をあらかじめ一覧にした「講座展開例」が作られ，生徒は各時間帯ごとに選べる講座を履習するようになった。また学系ごとに望ましい選択パターンを示す「モデルプラン」が作られ，教師の科目選択指導もモデルプランを勧める形態に変化した。

　③第3期（1986年度～1993年度）：生徒数の少ない芸術・語学などの学系で，他学系の生徒を排除した専門教育が行われるようになる。また少人数学系の先鋭化を受け，教師の学系選択指導も変化する。学系説明会の形式も全生徒を集め一斉に説明する全体会から学系別に生徒を集める分科会へ移行する。

　④第4期（1994年度～1996年度）：教育課程が改訂される。これにより自由選択科目の単位数が20～24単位から12～20単位にまで減少する。

　⑤第5期（1997年度～）：再び教育課程が改訂され，英数国理社で共通必修科目の単位数が増加する。自由選択科目単位数は12～20単位から8～14単位に減少。自由選択科目が教科・科目総単位数に占める割合は9.2%～16.1%にまでなる。

　以上，このような段階を経て，A高校の科目選択制は生徒の科目選択を枠付ける形態に変化していったのである。いったい，なぜA高校の科目選択制

は，このような形に再編されていくことになったのだろうか。本章では，この点について教員対象インタビューから解明することを試みる。ここで教師を調査の対象者としたのは，教師は学校組織を形成，再編する主体といえるからである。確かに学校は学習指導要領・学校設置基準などの法的規制，施設・設備・教員数などの物理的規制，他の諸機関（企業・中学校・大学）からの要請など，さまざまな外的拘束（objective な拘束）の統制を受けている。しかしながら教師は，それらの状況を自らの判断枠組みに照らして解釈し，subjective（主観的）に学校組織を形成していると苅谷（1981）は指摘する。よって科目選択制を変容させた契機がどこにあったのか，網羅的に解明するためには①objective な拘束を明らかにすると同時に，②それらの状況に対する教師の subjective な判断までも分析の対象にする必要がある。

そこでA高校の教員20人（旧教職員3人を含む）を対象にインタビュー調査を実施し，1）なぜ制度変更に踏み切ったのか，2）その際にどのような問題状況に直面していたのか，3）その状況をどのように判断したのかを尋ね，上記の両側面について解明することを試みた。対象者数は多くないが，いずれも校長・教頭・進路指導主任・教務主任・各教科主任などの要職に在った者であり，科目選択制の再編に関する意思決定の際に中心的な役割を果たしたと考えられる。なお，できるだけ当時の状況を忠実に再現するために，あらかじめ学内紀要をもとに各年代で議論されている懸案事項を時系列的に整理し，それを提示しつつその時の状況を尋ねるという形をとった。インタビューは1997年7月21日～11月21日の期間に実施した。本研究で用いるデータは，インタビューを録音したものを文章化したものである。

以上，A高校の科目選択制の概要と調査の概要が明らかになったところで，A高校の科目選択制が，どのような要因からどのように変容していったのか，先ほど設定した時期区分に沿って見ていくことにする。

3．A高校の科目選択制の変容過程

a．第1期（1984年度春～1984年度夏）──選択幅の広い科目選択制

1984（昭和59）年，総合選択制高校A高校は発足する。学校の設置理念を

内外に向けて提示した『学校要説』では，生徒が興味・関心・進路・適性・能力に基づいて時間割を編成する新しいタイプの高校の誕生を高らかに謳っている。

このような高校は生徒と同様に，教師にとっても経験したことのない新しい高校であった。学校開設準備委員としてＡ高校の構想に関わったＣ校長は，当時，教員へのＡ高校の理念の徹底に一番気を使い，毎日のように研修会を開いたという（Ｃ校長）。この研修を受けたＤ教諭，Ｅ教諭は次のように当時を振り返る（Ｄ教諭 Interview Data（以下 ID）No.1，Ｅ教諭 ID No.2）。

　　前任校のことは忘れろ，まるきり新しい学校なんだっていわれたよね。……総合選択制っていうのはコースと違って摘み食いもありだし，相互乗り入れ可能であると。……もう何でもありのイメージだったよね。趣味で音楽できるとか。（Ｄ教諭 ID No.1）
　　偏差値に構わず個性を伸ばして生きていく。大工さんや板前さんが出てもいいし，弁護士や政治家が出てもいい。そのために専門学校へ行きたいのも就職したいのも，大学行きたいのもいて，そういうふうにそれぞれの個性が花開けるような条件を整えるのがＡ高校を設置した理由なんだと。そんなイメージだった。（Ｅ教諭 ID No.2）

このように，当時，Ａ高校の教育理念は繰り返し語られ，教師達はＡ高校の教育理念を十分に認識して教育活動に当たっていたのである。

さて，この時期，Ａ高校の科目選択制はどのような形態をとっていたのだろうか。前節で見たように，この時期Ａ高校の科目選択制は，後の時期と比べてかなり選択幅の広い形態をとっていた。まず20～24単位の自由選択科目は学系の枠を超えて自由に選択できた。さらに講座の内容も多様であった。教科別設置講座数は，国語10講座，社会12講座，数学13講座，理科10講座，英語11講座，フランス語6講座，ドイツ語6講座，体育12講座，音楽13講座，美術10講座，工芸7講座，書道9講座，工業4講座，農業2講座，家庭11講座，商業11講座となっており，各教科の講座がほぼ均等に開設されていたといえる。また，学内紀要『Ａ高校（＝高校名）の教育 第1集』（昭和59年度）

によれば，原則として各教科とも「基礎的・基本的な」講座，「基礎的・基本的学習の定着・深化を図る」講座，「興味・関心，趣味・教養的な」講座を開設することになっていたらしい。実際に，講座内容の説明書きと教員への聞き取りから各講座の内容を特定したところ，「基礎的な講座」が48講座，高度な内容を扱う「専門的な講座」が30講座，さらに「受験向けの講座」が46講座，「趣味・教養的な講座」が23講座となっていた。このようにさまざまな性質の講座がまんべんなく準備されていたことがわかる。

しかもこの時期，教師達は総合選択制高校の理念を重視して，生徒の選択をほとんど枠付けない方針をとっていた。初年度に担任を務めたE教諭は，学系選択指導の際に，生徒の興味・関心のままに選ばせたと語っている（D教諭 ID No.3）。また，科目選択指導についても「自由選択科目の部分は自由にとらせ」る方針だったと初代C校長は語る（C校長 ID No.4）。

　　一般で入って来た子は入学後に学系を決めるんだけど，当時はほとんど自由に選ばせましたよね。今から考えると無謀といえば無謀なんだけど，興味・関心を中心に学系を選ばせるっていうのがあったんで，例えばコンピューターが好きだから商業とか，星が好きだから理数とか。
　　（D教諭 ID No.3）
　　最低限のところは学系指定科目で保障されているから，もう自由選択の部分は自由にとらせようって考えていたね。（C校長 ID No.4）

このように当時は，自由選択科目の単位数も多く，さらに自由選択科目の部分を枠付ける要素も存在していなかった。しかし，発足半年後，思わぬobjectiveな拘束に直面するなかで「自由な科目選択」という構想は困難になり，A高校の科目選択制は第2の段階を迎えるのである。

b．第2期（1984年度秋〜1985年度）──講座展開例とモデルプランの誕生
(1) 時間割編成の問題と講座展開例・モデルプランの生成
　発足半年後，A高校の科目選択制ははやくも第1の変容を迎えた。コンピュータによる時間割編成不能という事態が生じ，そのままの形では時間割が

組めなくなってしまったためである。コンピュータ事務職員のF氏によれば，入力した条件が複雑過ぎて解が出なくなってしまったという。このため，教員数・教室数を考慮しながら教員が手作業で時間割を組まなくてはならなくなり，生徒の科目選択をあらかじめ集約しなければならなくなった。

こうして，まず「講座展開例」が編み出された。講座展開例は各時間帯で開設される講座を示した一覧表である。たとえばある列には月曜日の3，4時間目に開設される講座が，またある列には火曜日の3，4時間目に開設される講座が並べられている。同じ列の講座を複数選択することはできない。こうして各時間帯で開設される講座があらかじめ決められ，生徒は各時間帯で選べる講座を選択するようになった。また，同時に学系ごとに望ましい選択パターンを生徒に提示するモデルプランも作られた。D教諭によれば，このモデルプランが作られたことで，担任教師はモデルプランに沿った科目選択指導を行うようになったという。こうして，自由選択科目の部分における生徒の科目選択は講座展開例とモデルプランに準じた科目選択指導によって二重に枠付けられるようになった。

(2) 講座展開例の生成過程と教師のイデオロギー

このように時間割編成の問題というobjectiveな拘束から，まず生徒の科目選択は枠付けられていった。しかし，例えば講座展開例上で実際にどの講座をいくつの時間帯で開設するかを決定する際には，ただ単純に時間割が組めるように講座を圧縮する以上の手続きが存在していたようだ。コンピュータ事務職員のF氏によれば，講座展開例は一方で生徒が提出した希望講座・教科別教員数・特別教室数から開設時間数を割り出す形で作られたが，他方で各教科の教師・進路指導部の教師から「この講座は一定時間数残してほしい」という要求が出され，それらを勘案して作成されたという。こうして講座展開例にも，モデルプランにも，教師がより重要と思う科目が多く盛り込まれることになった。

それでは，どのような講座が多く盛り込まれたのだろうか。講座展開例を見ると講座によって開講時間数にかなり差があるのがわかる。たとえば，同じ社会科の講座でも「課題日本史」は11もの時間帯で開講されているのに対し，「郷土の歴史」は1つの時間帯でしか開講されていない。たくさんの時

図表2-2　教科別・講座の性質別開設講座数

	基礎	専門	受験	趣味教養	計
国　語	20	8	6	5	39
社　会	23	1	22	2	48
数　学	14	0	20	0	34
理　科	19	0	13	2	34
英　語	16	9	25	0	50
5　教科	92	18	86	9	205(68.6%)
仏　語	0	0	5	0	5
独　語	0	0	4	0	4
中国語	0	0	5	0	5
体　育	9	0	0	2	11
音　楽	0	0	11	3	14
美　術	0	0	9	1	10
工　芸	0	1	0	4	5
書　道	2	3	0	2	7
工　業	0	2	0	2	4
農　業	0	0	0	1	1
家　庭	5	4	0	2	11
商　業	7	10	0	0	17
それ以外の教科	23	20	34	17	94(31.4%)
合　計	115(38.5%)	38(12.7%)	120(40.1%)	26(8.7%)	299(100%)

間帯で開設されている講座は時間割に組み込みやすいのに対して，少ない時間帯でしか開設されていない講座は，とりたい講座が重なればとれなくなってしまう。図表2-2は教科別・講座の性質別に講座の開設率を示したものである。

　まず，国・社・数・理・英の5教科の講座が多くの時間帯で開設されているのがわかる（全講座の68.6%）。さらに，講座の性質で見れば「基礎的な講座」(38.5%)「受験向きの講座」(40.1%)が多く，「趣味・教養的な講座」(8.7%)は少ないことがわかる。こうして，多くの教科にまたがって趣味・教養的な講座を複数選択することは困難になった。また，モデルプランについてみれば，家庭学系（現，生活科学学系）・商業学系（現，情報経営学系）を除けばすべて，「国公立四年制大学文系型」「私立四年制大学文系型」というように，明らかに四年制大学受験を意識した形で作られた。このように，

「人生設計に基づく卒業後の進路希望にあわせて」「その進路希望実現のための多様な学習を保障する」(『学校要説』1984年)ことも理念としていたA高校であったが,教師たちは時間割編成の問題というobjectiveな拘束の中で,いざ講座を集約する折には,直接受験に役立つ講座を優先的に残すというsubjectiveな判断を見せたのである。

なお,モデルプランと講座展開例が受験教育にシフトした内容になった背景として,次の点も述べておいた方がよいだろう。それは,開講して集まってきた生徒の学力が予想外に高かったことである。入試で成績上位の生徒からとった結果,当初から偏差値62以上の生徒が入学してきたという。国語科のE教諭,フランス語科のG教諭はこれを見て「これは受験になるんだ」(G教諭)「現実問題として,今日はかぼちゃ育てた,今日はピアノ指一本で弾けるようになったっていう生活は(させられない)」(E教諭)と思ったと語る。このようにA高校のカリキュラムが受験にシフトした内容になった背景には成績上位の生徒の進路先として大学進学を自明視する教師の根強いイデオロギー[8]の存在も指摘できるのである。

c．第3期(1986年度～1993年度)―少人数学系の先鋭化と学系選択指導の変化

以上第2期において,時間割編成の問題から自由選択科目における生徒の科目選択が枠付けられていったことを見てきた。しかし,第3期になると,今度は教師の指導による枠付けが行われるようになり,これをきっかけにA高校の科目選択制は次々と変容を遂げていくことになる。

(1) 少人数学系の先鋭化

まず,教師の指導による枠付けは,「少人数学系の先鋭化」という形で起こっていった。インタビューを行った多くの教師が指摘したことであるが,2年をすぎたころから「学系」と「学系で中心となる教科」が一対一に対応し,生徒の人数も学系に対応する教科の教員数も少ない少人数学系で,生徒と教師が密着した進学指導体制をつくりだすようになったという。これにより,他学系の生徒はその教科の科目を選択することが困難になった。少人数学系と多数学系の区分は図表2-3に示すとおりである。少人数学系の教師が,先鋭化した指導を行うようになった理由について,以下に音楽学系とフ

図表 2-3　学系別生徒数（1997年度入学生）・各学系で中心となる教科

学　系	総数	多　数　学　系			少　人　数　学　系								
		人文	理数	語英	語外	体育	芸音	芸美	芸工	芸書	生科	情経
学系で中心となる教科		国語・社会	数学・理科	英語	仏・独・中	体育	音楽	美術	工芸	書道	家庭	商業
学系別生徒数(人)	972	241	247	191	38	48	46	46	6	8	58	43

ランス語学系の事例を見ていく。

　まず音楽科のH教諭の場合，はじめから音楽学系の生徒を対象とした専門教育を念頭に置いていたという。そのため他学系の生徒に対し，「どうしてもとりたい場合」以外は「専門の生徒に譲ってやってほしい」（H教諭・音楽科 ID No. 5）と明言したという。H教諭によれば，このような指導を繰り返すうちに，他学系の生徒は，ほとんど音楽の授業をとりに来なくなったという。

　　　受けられると困るんです。はっきりいって。時間数が少ない中で，専門の勉強をしたい生徒が時間を削られているのに。……だから選択科目の説明会でも，どうしてもとりたい場合はとれるけれど，そうでなければ専門の生徒に譲ってやってほしいといいました。当時から。（H教諭 ID No. 5）

　H教諭も音楽学系の生徒に特化した専門教育が総合選択制高校の理念に反することは認識していた。しかし，音楽を専門領域として学ぶ生徒が入ってくる以上，その生徒たちをのばすことが一番と考えたという。

　これに対し，フランス語科のG教諭は，決してはじめから専門的な教育を意図していたわけではなかったという。実際に初年度は，フランス語の授業ばかりか，フランス語学系にも，趣味・教養的に学びたいという生徒が多数集まっていた[9]。しかし，フランス語受験を希望する生徒のために，毎日，朝と放課後に補習をするようになると，次第に趣味・教養的に学びたいという生徒がフランス語学系にも，フランス語の授業にもいなくなったとG教諭は語る。それは，補習を受けた生徒とそうでない生徒で「学力が段違い」になった結果，補習を受けない生徒が「授業についていけ」なくなり，そうした

噂が「生徒たちの間に口コミで伝わ」（G教諭 ID No. 6）ったためだという。

　　こっちは何も言いません。だけど，そういう（＝趣味教養的にやる）生徒はもたないんですね。他の生徒が朝補習，放課後補習やってどんどんできるようになると，学力が段違いになっちゃうんですよ。そうするともう授業についていけなくなる。そうすると，だんだん生徒たちの間に口コミで伝わるでしょ。あそこ（＝フランス語学系）は教養でやろうったって無理だよって申し送りがあるわけですよ。そうすると，本当にやるものしか集まってこなくなっちゃう。（G教諭 ID No. 6）

　G教諭はもともと，このような受験を意識した専門教育には反対だった。しかし，「A高校に勤めるうちに，そうは言っていられなくなった」（G教諭）という。「あそこの学系では大学にいけないらしいっていうのが生徒に口コミで伝わると，選択する人が1人もいなく」なり，そうなるとフランス語科はつぶれ，自らの立場も危うくなると次第に考えるようになったとG教諭は語る。学系の卒業生の進学実績は，生徒の学系に対するイメージや教師間の評価に影響する。また，その学系を選ぶ生徒がいなくなれば，教員が削減されることにもなる。高校入試の段階で別枠で募集するコースや学科と異なって，学系は，学系を選択する生徒の数や，講座を選ぶ生徒の数に左右される存続基盤の危ういものなのである。こうした要素も合わせて教師は対応する学系の生徒の教育に力を注ぐようになっていったのである。

(2)　学系選択指導の変化

　一方，この時期，少人数学系の先鋭化を受けて担任教師の学系選択指導にも変化が生じた。かつては「興味・関心を中心に」選ばせていたのに対し，①一般入学で入学した生徒には多数学系を勧め，②なかでも少しでも進路に迷いのある生徒は，人文学系か語学英語学系を選ばせるというパターン化した指導がなされるようになる。この頃担任を務めたI教諭は「（どの学系にしてよいか）不明確だったら，人文か語学（英語）に籍を置いて，他の科目をとりに」行くよう勧めたと語る（I教諭 ID No. 7）。また，1年目に担任を持った折には興味・関心のままに学系を選ばせたという前述のD教諭も「生

徒が迷ったら，迷わず人文」を勧めるようになったという（D教諭 ID No.8）。

　　（どの学系にしてよいか）不明確だったら，人文か語学（英語）に籍を置いて，他の科目をとりにいきなさいっていいましたね。（I教諭 ID No.7）
　　次に担任持った時にはそういう指導が定着してましたね。迷ったら，迷わず人文。（D教諭 ID No.8）

　I教諭，D教諭が人文系・語学英語系を勧めるようになった理由は，次のように集約できる。まず，少人数学系が先鋭化したため，趣味教養的に学びたい生徒では授業についていけないのでは，と考えるようになったという（I教諭）。さらに，もしこれらの生徒が少人数学系に進んで，教科内容と相性が合わなかった場合，進学の道が閉ざされることになるが，人文・語学英語学系ならつぶしがききやすい，という判断も働いている（I教諭，D教諭）。このように，全体に進学という進路を自明視していく中で，「無難な」（I教諭）学系指導が行われるようになったのである。

　こうした状況が一般化したことを裏付ける情報として，1986（昭和61）年の学系説明会の変更があげられる。以前は全生徒を一斉に講堂に集め，すべての学系について説明していたが，1986年度以降は学系ごとに分科会の形で説明会が行われるようになった。そのため，各学系の分科会が同時に別々の場所で行われ，生徒はあらかじめ自分が所属するであろう学系を選んで，説明会に参加しなければならなくなった。この変更について，当時，進路指導部は次のような説明を残している。

　　「生徒の大部分が入学時にすでに学系を決めており，学系別にそれぞれの学系に必要な科目・講座の選択に重点を置いて指導をするほうが有効との判断による」（『A高校（＝学校名）の教育　第3集』昭和61年度）

　ここからは，①学系選択が重視されなくなったこと，②それぞれの学系に必要な科目を指導する方が重要視されるようになったことが読みとれる。

図表2-4　入学年度別・学系別推薦入学者割合（%）

入学年度	全体	人文	理数	語英	語外	体育	芸音	芸美	芸工	芸書	芸技	生科	情経
1984	26.4	21.8	13.7	20.2	7.7	83.3	53.6	41.1	0.0	0.0	33.3	86.7	66.7
1985	25.4	16.8	11.1	20.3	14.3	93.9	54.3	35.9	50.0	0.0	100.0	95.2	75.0
1986	26.2	21.5	15.2	17.1	13.6	96.3	73.3	53.8	40.0	0.0	50.0	81.5	62.7
1987	26.9	14.1	16.2	22.6	33.3	90.6	67.6	74.1	0.0	33.3	50.0	73.2	71.4
1988	31.5	19.3	23.8	17.3	19.2	96.7	77.1	66.7	100.0	100.0	57.1	73.5	65.2
1989	30.0	19.6	15.5	22.5	21.4	100.0	62.9	63.2	50.0	66.7	69.2	80.0	76.9
1990	30.9	13.6	17.4	26.0	12.5	96.5	70.4	73.7	100.0	100.0	71.4	81.8	80.0
1991	29.4	15.3	13.8	17.8	21.9	98.1	82.4	67.3	0.0	100.0	71.4	83.9	76.9
1992	29.6	16.5	11.8	17.5	18.2	94.1	71.7	72.1	50.0	100.0	55.6	77.3	71.1
1993	38.7	23.7	22.0	28.6	25.8	100.0	84.1	82.2	100.0	100.0		88.9	88.1
1994	40.1	25.4	27.9	29.2	23.7	92.4	86.8	81.3	80.0	100.0		86.7	71.4
1995	39.7	24.9	22.7	29.9	25.0	94.9	81.3	86.8	100.0	100.0	※1	73.8	69.2
1996	39.4	26.5	20.8	28.5	33.3	95.1	84.2	83.3	100.0	83.3		68.1	71.8
1997	39.5	28.6	21.1	31.9	28.9	93.8	78.3	73.9	50.0	100.0		58.6	72.1

注：セル内の数値は各学系の推薦入学者実数を各学系の生徒総数で割った値。紙面の都合で実数は割愛して掲載した。
※1　芸術（技術）学系は1993年度に廃止されている。

さて，こうした指導の変化を受けてか，生徒の学系選択は明らかに変化した。図表2-4は各学系の生徒に占める推薦入学者の割合をみたものである。

1993（平成5）年度から推薦入学者の割合が3割から4割に変化したため，人文・理数・語学（英語）学系でも推薦入学者の割合は約10%台から20%台に増大したが，他の学系に比べると低い数値にとどまっている。これに対し，専門学系はほとんど推薦入試で入学してくる生徒に占められるようになる（1997（平成9）年度で体育93.8%，音楽78.3%，美術73.9%，家庭58.6%，情報経営72.1%）。このように，専門的な少人数学系については推薦入学で人数を満たし，一般入学で入学してきた生徒については，人文・理数・語学（英語）の多数学系を勧めるという図式が実質的に定着していったといえる。

(3) 多数学系の不満

以上見てきたように，この時期少人数学系で先鋭化した指導が行われるようになり，それを受けて学系選択指導のあり方も変化した。しかし，少人数学系の先鋭化の影響はそれだけに止まらなかった。多数学系に対応する教科教師の不満を引き起こし，科目選択制のさらなる変容を促すことになる。

国語科のE教諭，数学科のJ教諭，社会科のK教諭が述べる少人数学系に対する不満は次のように要約できる。

　第1に，少人数学系の生徒と対応する教科の教師が密着した専門教育を行うことで，他学系の生徒がその教科の講座を選ぶことが実質的に困難になった。しかし，その一方，多数学系の教師は「体育とか，芸術とか」少人数学系の授業も見なければならず，「一方通行」（E教諭・国語科）という状況が生まれた。多数学系の教師たちはこのことを不平等と考えるようになった。

　第2に，今回聞き取りを行った教師の多くが指摘した点であるが，次第にA高校に入学してくる生徒の学力・目的意識が低下し，「安易な科目選択に流れる」（J教諭・数学科）傾向が出てきたという。なかでも既述のように，進路が明確でない生徒は人文系・語学英語学系に振り分ける学系選択指導が一般化したため，これらの学系でその傾向は顕著であったという。

　第3に，しかしこうした安易な科目選択に対し，多数学系は十分な対策が取れない状況にあった。生徒も教員も多い多数学系では統率が取りにくく，体系的な科目選択指導ができずにいた。多数学系の教師は，このあたりにも少人数学系との違いを感じるようになった。

　第4に，授業形態に対する長年の鬱積もあった。まず，A高校では時間割編成の都合で，選択科目の部分の授業をすべて1時間単位の授業にするか，2時間連続の授業にするかに統一しなければならないが，家庭，芸術など実習系の教科の要求に合わせ，2時間連続授業の形態をとってきた。しかし座学の授業を多く受ける多数学系の生徒には，2時間の連続授業は苦痛なものであり，「授業効率」の悪さを指摘する教師の声は抑えがたいものになっていた（K教諭・社会科）。

　これらの事情から，多数学系に対応する教科の教師たちは総合選択制は多数学系に「メリットがない」と考えるようになっていった（E教諭 ID No. 9）。

>　個性を伸ばすってことは何なんだと。音楽とか美術は初めから少人数でやってますからね。成功してるっていうのも芸大に4人入ったとかでいうわけだから，何のことはない，進路実現なんですよ。A高校で個性

を尊重する，個性を伸ばすというときにはスポーツか芸術かそれだけなのか。そうするとA高校は少人数学系のためにあると。大部分の人文，理数，語学にはメリットがないってふうになってきましたね。(E教諭・国語科 ID No. 9)

こうして多数学系の教師を中心に，生徒の履修する科目をあらかじめ必修科目として定める必要性が説かれるようになった。折しも1989（平成元）年には1994（平成6）年度施行の学習指導要領が出され，その学習指導要領に基づいた教育課程に改訂されることになっていた。この機会に，国語，数学，英語の必修科目単位数を増やそうという提案が教師の間から持ち上がるようになるのである（『A高校の教育 第7集』平成2年度）[10]。

d. 第4期（1994年度〜1996年度）—第1回教育課程の改訂
(1) 1994（平成6）年度教育課程の改訂

以上，第3期で少人数学系が先鋭化した指導をするようになり，それを受けて学系選択指導が変化したことを見てきた。またその中で，多数学系の教師が科目選択制に不満を持つようになり，国・数・英を中心に必修科目を増やし，あらかじめ生徒の履修科目を規定すべきだという意見が出てきたことを見てきた。こうした状況を背景に，1994年，A高校は教育課程を改訂する。

しかし，結論から言えば1994年度の改訂では，国語，数学，英語の必修単位数は増やされなかった。1989（平成元）年告示の学習指導要領では，社会科が地理・歴史と公民に分割された関係で必修科目が32単位から36単位に増加し，一方隔週5日制の導入で総単位数が減ったため，それを収めるだけでカリキュラムの選択の幅が狭まってしまったのである。この時，なおも国・数・英の必修科目単位数の増加を主張する教員とそれに反対する教員の間で議論が起こったが[11]，最終的に「これ以上必修科目を増やしては科目選択の理念に反する」（L校長）という意見で落ち着いたとL校長，国語科のE教諭は語る。

もっともそうとはいえ，この教育課程の改訂でA高校の選択科目の幅はかなり狭まった。A高校は，新しく増えた「地理・歴史」の必修科目を，生徒

がホームルームで一斉に学ぶ共通必修科目にはせず，自由選択科目のどこかで必ず履修させるという形式を取った。そのため，1994年度の教育課程における必修科目の単位数はほとんど変化していないが，実際に生徒が選べる自由選択科目の単位数は，20～24単位から12～20単位にまで減少したのである。

(2) 必修科目単位数拡大に関する議論の再燃

さらに，第1回目の教育課程の改訂から2年たった1996（平成8）年，再び必修科目単位数増加の議論に火がつくことになる。結局改善されなかった多数学系の学習環境の問題に加え，1994年度の教育課程の改訂で新たな問題も生じたためである。A高校は学習指導要領の改訂で新しく必修科目になった地理・歴史科目を自由選択科目の部分で選択させるようにした。しかし「自由選択科目」で地歴科目を選択しなければならないことに対し生徒が不満を訴えるようになったという。また一方，教師にとってもさらに科目選択指導が複雑になり，新しく赴任してきた教員がうまく指導できなくなったとJ教諭は語る。

　　生徒も教員もさっぱりわからないっていう感じでしたね。やはり自由選択科目の指導の部分もすごく複雑になった。（J教諭 ID No.10）

こうしてより指導しやすい教育課程への移行が必要とされるようになった。

またこの時期，特に少人数学系の生徒で，学系不適応を起こす生徒が出てきたという（E教諭）。このため「袋小路にならないように，もっと基礎的な科目，たとえば英数国あたりを重視しましょうと。ほとんど学系の枠を取り払う形にしましょう」（E教諭）という意見も出てきたという。

さらに，1990年代に入るころから見られた国立志向の復活によって，「最初っから国立大学が受けられない高校っていうのはマイナスイメージ」と見なされるようになったとK教諭は指摘する。実際にM校長は，まわりの中学から「A高校は国公立向きじゃない」という指摘を受けるようになっていたという。「そういうことはないですよと言うためには，やはりそういう部分（＝国公立大学受験に対応したカリキュラム）を作りたかった」とM校長は語る。

図表2-5　教育課程・カテゴリー別単位数（1984・1994・1997年度）

	総単位数	特別活動	必修科目	学系指定科目	1年次自選科目	地歴科目	自由選択科目単位数	自由選択科目割合
1984年度	102	9	47	20〜24	2		20〜24	21.5%〜25.8%
1994年度	96	9	49	12〜20	2	4〜8	12〜20	13.8%〜23.0%
1997年度	96	9	55	16〜20	2	0〜2	8〜14	9.2%〜16.1%

こうして，①授業効率の悪さを解消し，②授業時間の不安定さ・時間割編成の難しさを解決する，③生徒の安易な科目選択を防ぎ，④さらに国立大学の受験にも対応できる，⑤早々と学系の専門科目に特化させない教育課程を求めて，1997（平成9）年度の教育課程の改訂が行われることになったのである。

e．第5期（1997年度〜）──第2回教育課程の改訂

こうしてA高校の科目選択制は一連の変容の最終的な局面を迎える。1997（平成9）年，A高校は独自の判断で再度教育課程の改訂を行う。この改訂で自由選択科目の単位数は12〜20単位から8〜14単位に減少した（図表2-5）。自由選択科目が教科・科目総単位数に占める割合は13.8%〜23.0%から9.2%〜16.1%までになっている。しかも，1997年度の教育課程では，生徒の科目選択を枠付ける方向がそれまでとは違った。かつては「学系」を目安とし，学系で中心となる教科の科目を履修させる方向に生徒の科目選択を枠付けたのに対し，1997年度の教育課程では学系を超えて共通に国・数・理・社・英の科目を履修させるようになった。[12]

このように，発足当時選択幅の広かった科目選択制も，次第に学系ごとに生徒の科目選択を入試科目に枠付ける形態に変化し，さらには学系を超えて国・数・理・社・英の科目をとらせるシステムに変化していったのである。

4．実際の履修科目の変化

以上，A高校の科目選択制が変容していった過程について見てきた。それではこうした科目選択制の変容を受けて，生徒の科目選択がどのように変化したか，次に見ていく。以下に生徒が実際に履修した科目を分析する。分析

図表2-6　1984・1990・1997年度入学生　履修科目　カテゴリー別割合（%）

学系	年度 84	90	97	5教科割合 84	90	97	文系3教科割合 84	90	97	理系3教科割合 84	90	97	学系科目割合 84	90	97	5教科外・学系外科目割合 84	90	97
人文	23	47	39	73.1	73.8	77.4	58.2	59.8	61.2	36.4	37.0	38.9	36.8	36.8	38.5	26.9	26.2	22.6
理数	55	26	52	74.6	78.9	80.5	36.8	32.4	37.8	56.5	62.2	59.1	37.8	46.5	42.8	25.4	21.1	19.5
語英	28	30	29	69.2	74.2	78.2	57.6	64.7	64.2	40.7	44.3	43.9	29.0	34.8	29.9	30.8	25.8	21.8
語仏	2	5	2	53.5	51.5	67.3	41.4	44.6	50.8	31.0	19.2	36.4	17.2	20.6	10.9	29.3	28.0	21.9
体育	3	7	8	55.6	61.2	57.8	41.4	44.9	46.0	33.4	37.4	28.2	26.3	25.7	25.3	18.1	13.1	17.0
音楽	5	5	11	51.7	46.8	50.6	41.4	38.4	40.3	29.4	24.7	23.0	31.9	35.7	34.6	16.4	17.5	14.9
美術	7	5	10	51.4	46.9	52.8	37.7	38.6	41.0	29.1	25.0	25.5	34.6	36.5	33.5	14.0	16.6	13.8
工芸	1			43.3			36.7			20.0			40.0			16.7		
書道		2			58.1			51.6			27.4			27.4			14.5	
技術	1			58.6			51.7			27.6			13.8			27.6		
生科	4	5	5	49.6	52.9	55.3	39.9	38.4	40.7	26.0	32.0	29.3	14.7	24.9	25.3	35.7	22.2	19.3
情経	9	7	6	49.2	49.6	58.3	37.4	41.2	45.8	25.7	22.9	30.4	30.6	29.4	20.2	20.2	21.1	21.4

に用いるのは1984年度，1990年度，1997年度に入学した4ホームルームの生徒が3年間に履修した科目のデータである。1984年度入学生は第1回目の入学生であり，時期区分でいえば第2期を体験している。1990年度入学生，1997年度入学生については，それぞれ第3期・第5期に在学していたことになる。このデータはコンピュータルームから提供してもらった。図表2-6は1984年度，1990年度，1997年度に入学した生徒が3年間で履修した講座（共通必修科目も含む）の教科別割合を学系別に見たものである。単位数までを勘案した統計処理が困難であったため，ここでは全履修講座数のうちいくつ各教科の講座が占めているか，その割合の学系別平均値を見ることにした。単位数自体が増えたりもしているので，この表で一概に学習量の増減をいうことはできないが，おおよその傾向は把握できると思われる。なお，全教科について詳細に見るのではなく，「5教科（国・社・数・理・英）」「文系3教科（国・社・英）」「理系3教科（数・理・英）」「学系科目（各学系で中心となる科目）」の4カテゴリーを設定し検討した。これによって，どれだけ国立大学受験型の学習を行っているか，私立大学受験型の学習を行っているか，専門教科に特化した学習を行っているかを見ることができる。

　まず，5教科の講座が全履修講座に占める割合は全体に高くなっているの

がわかる。次に，文系3教科，理系3教科の割合だが，これは学系によって動きに違いがあり一概には言えない。ただ多数学系では1997年度には文系3教科と理系3教科の割合の差が狭まっており，3教科に特化しない学習が行われるようになっていることが窺える。また学系科目については，1990年度では全体に増え，1997年度には逆に若干減少している。しかし，その減少の幅は5教科の増加率に比して小さいため，結果として5教科以外・学系科目以外の科目の割合が減少するようになっている。

以上は，必修科目も含めた生徒の履修状況である。次に，科目選択の部分に焦点をあててその変容を見ることにする。図表2-7，図表2-8は1984年度入学生，1997年度生徒が選択科目の部分でどの教科にまたがって科目を選択しているかを示したものである。

1984年度入学生に関しては，国語，社会（地歴・公民），数学，理科，英語の5教科の中から5教科の科目を選択し，それ以外の教科の中から2教科選択する生徒（17.4%）の割合が高くなっている。また，5教科以外の科目の中から3教科以上学んでいる生徒も34.9%もいる。これに対し，1997年度入学生については5教科の中から3教科の科目を選択し，それ以外の教科から1教科の科目を選択する生徒（17.9%）の割合が最も高くなっている。5教科以外の教科で3教科以上の科目をとっている生徒の割合はわずか7.4%にとどまっている。このように，生徒は選択科目においても5教科の科目を中心に選択するようになったのである。5教科以外の教科で，多くの教科にまたがって科目選択を行う生徒はほとんどいなくなった。

それでは次に，こうした学習内容の差が，生徒の進路選択にどのような影響を与えたかを見ていく。図表2-9は生徒の卒業後の進路を年度別に表示したものである。履修科目と進路が対応する形でデータは得られていないので，両者の間の相関関係を証明することはできないが，およその対応関係は見て取れると思われる。

図表2-9を見ると，しだいに四年制大学進学率が高まっているのがわかる。当初は，短大，専修・各種学校進学，就職といった進路に進む生徒も一定数いたのに対し，四年制大学が進路先として飛び抜けるようになっている。むろん，こうした変化は高卒者の就職難や大学進学の易化といった社会変化

図表2-7　1984年度入学生　生徒教科別選択科目数
5教科と5教科以外のクロス表　総和の%　N＝138

		5教科（国・社・数・理・英）以外の科目から						合　計
		選択科目なし	1教科の科目を選択	2教科の科目を選択	3教科の科目を選択	4教科の科目を選択	5教科の科目を選択	
5の教科科目から（国・社・数・理・英）	科目選択なし							
	1教科の科目を選択							
	2教科の科目を選択	0.7						0.7
	3教科の科目を選択	0.7	0.7	5.8	5.1	3.6	2.2	18.1
	4教科の科目を選択		5.8	11.6	6.5	5.0	4.3	33.3
	5教科の科目を選択	9.4	13.0	17.4	5.8	2.2		47.8
	合　計	10.9	19.6	34.8	17.4	11.0	6.5	100.0

図表2-8　1997年度入学生　生徒教科別選択科目数
5教科と5教科以外のクロス表　総和の%　N＝162

		5教科（国・社・数・理・英）以外の科目から						合　計
		選択科目なし	1教科の科目を選択	2教科の科目を選択	3教科の科目を選択	4教科の科目を選択	5教科の科目を選択	
5の教科科目から（国・社・数・理・英）	科目選択なし							
	1教科の科目を選択							
	2教科の科目を選択		1.9	7.4	1.9	0.6		11.7
	3教科の科目を選択	1.9	17.9	13.6	3.1			36.4
	4教科の科目を選択	13.6	10.5	3.1	1.9			29.0
	5教科の科目を選択	6.8	10.5	5.6				22.8
	合　計	22.2	40.7	29.6	6.8	0.6		100.0

による部分も大きいだろう。しかし，大学進学を意識した科目選択と無関係とはいえないと考えられる。このように，科目選択制の変容と並行して，生徒の科目選択，進路選択も受験科目を学び四年制大学に進学するという形態

図表2-9　卒業後の進路状況の推移

	四　大	短　大	専・各	就　職	未　定
1989年度卒	22.2(53.6)	17.7(18.2)	10.2(13.6)	4.2(4.6)	45.7(9.4　＊1)
1990年度卒	29.7(55.8)	17.3(18.3)	12.4(13.5)	5.4	35.2(7.4)
1991年度卒	34.9(59.1)	16.6(17.6)	11.4(12.4)	4.6	32.5(6.7)
1992年度卒	33.8(59.6)	17.2(17.9)	9.5(10.5)	5	34.5(7.0)
1993年度卒	38.9(62.6)	15.8(24.1)	8.6(9.6)	4.2	32.5(7.1)
1994年度卒	39.7(67.1)	14.4(15.0)	8.1(9.9)	2.3	35.5(6.0)
1995年度卒	41.2(65.3)	11.4(11.8)	12.6(14.3)	2.3	32.5(6.3)
1996年度卒	38.4(62.5)	12.7(13.4)	11.2(12.5)	2.5(2.6)	35.1(4.0)
1997年度卒	42.3(65.4)	11.2(12.3)	11.9(12.7)	2.1	32.5(2.0)
1998年度卒	45.3(64.9)	10.9(11.2)	13.3(14.6)	2.2(2.3)	28.3(4.9　＊2)
1999年度卒	47.9	8.0	14.2	2.2	27.7

注：(　)内は浪人した生徒の進路状況も加えたものである。
＊1　未定カテゴリーの(　)内の数値は2浪以上の四年制大学以外の進路に進んだものの数値である。必ずしも進路未決定者を意味しないことを断り置く。
＊2　98年度卒業生のデータについては，2浪以上の生徒のデータが含まれていない。そのため四大カテゴリーの(　)内の数値が若干低くなり，その分未定カテゴリーの(　)内の数値が高くなっている。

が一般化していったのである。

5．まとめ

　以上，先導的総合選択制高校A高校を対象に，科目選択制が生徒の科目選択を枠付ける形態に変容していった過程を事例的に解明してきた。結果は次のようにまとめられる。

　A高校の教師たちは，はじめから生徒の科目選択を枠付けようとしていたわけではなかった。少なくとも発足当初は「自由な科目選択」「興味・関心を重視した進路選択」という理念が共有され，教師は学系も講座も生徒に自由に選ばせる方針をとっていた。しかし，まず時間割編成の問題が生じ，科目選択を縮約する必要が生じる中で，枠付けが行われるようになる。まず各講座の開設時間帯を規定する「講座展開例」が作られ，生徒の科目選択の大枠が定められるようになった。一方数年後，今度は教師の指導によって枠付けが行われるようになる。少人数学系の教師が教科に対する専門意識から自

分の学系の生徒を囲い込み，専門教育を行うようになったのである。また，少人数学系の先鋭化を受け，担任教師の学系選択指導も，一般入学者には多数学系を勧めるというパターン化したものに変化した。こうして学系の壁は強化され，無難な学系選択指導が行われるようになったのである。さらに最終的には，統一した科目選択指導を行えない多数学系の教師が不満を唱え，必修科目の形で生徒の科目を規定する必要性を説くようになった。この必修科目単位数増加の提案は，A高校全体で広がっていた「安易な科目選択に流れる生徒」「学系不適応を起こす生徒」に対する問題認識や，「国公立受験に向いていない」という外部の評価への危機感にも適合するものであった。こうして，ついにA高校は教育課程の形で，生徒の科目選択を枠付けるようになったのである。なお，科目選択制の変容と並行して，生徒の履修科目が5教科を中心とした内容に変化し，さらに進路も4年制大学進学を中心としたものになっていったことはすでに見たとおりである。

　ここで指摘したいのは，これまでの必修科目を中心としたカリキュラムが，まさにA高校が最終的に求めた，①授業効率の悪さを解消し，②授業時間の不安定さ・時間割編成の難しさを解決する，③生徒の安易な科目選択を防ぎ，④さらに国公立大学の受験にも対応できる，⑤早々と学系の専門科目に特化させない教育課程を保証する形で成り立ってきたことである。選択制のカリキュラムは，こうした要素を放棄する可能性がある。長らく必修科目を中心とした授業環境の下で「生きた経験」（アップル訳書，1992）を重ねてきた教員にとって，これらの要素を放棄することは不安と違和感を感じることであると予測される。こうした理由から，教員は再び従来型のカリキュラムを選択していくようになるのではないだろうか。ここに「画一的な」学校カリキュラムが再生産されるメカニズムの一端が垣間見えるのである。

　A高校の事例は，様々な示唆を与えてくれる。いくら制度レベルで改革が進行しても，「安定した授業時間」「系統的な学習」など，これまでと同じ価値観を高校の教育に求める以上，改革は形骸化して行かざるを得ない。結局，改革を有効なものにできるかどうかは，これまで高校に求められてきた価値観をどこまで譲歩できるかにかかっている。高校の教育である以上，これらの要素を放棄することはできず，改革は微調整的なものにとどまるのか，そ

れともこれらの要素を放棄して新しい高校像を打ち立てるのか，Ａ高校の事例は検討する材料を与えてくれるのである。[13]

注
1） この「枠付け」という言葉は，飯田（1996）も先行研究で用いている。飯田は，特にこの「枠付け」という概念を厳密に定義していないが，主に，教育課程に限定して用いていることを考えれば，筆者が定義する「枠付け」は飯田が用いている「枠付け」の拡大概念とも考えられる。筆者は，「枠付け」を「学校・教師がある科目を推奨・指定する形で，またある科目を選択しにくくさせる形で，生徒に特定の科目を履修させようとすること」と定義する。また生徒の科目選択を「枠付け」る要素を「枠」と定義する。
2） 「高校教育開発研究プロジェクトチーム」は1979（昭和54）年に6つの「新しいタイプの高校」構想を提案する報告書を出した。
3） 語学学系の中国語は1991（平成3）年度に新設された。また発足時に芸術学系にあった技術は1993（平成5）年度に廃止されている。そのほか1993年に家庭学系は生活科学学系に，商業学系は情報経営学系に名称変更している。
4） Ａ高校のホームルーム数は72になっている。これに対し県標準は24である。
5） 1994（平成6）年以前は推薦入学の生徒と，一般入学の生徒の割合はそれぞれ30％，70％であった。
6） Ａ高校は「学習指導要領に定められた科目を，細分化，深化，発展的に組み直す」（『学校要説』）形で「校内講座」を設置している。よって生徒が行うのは厳密には科目選択ではなく講座選択になる。
7） 『Ａ高校（＝高校名）の教育 第1集』（昭和59年度）には次のような記述がある。「幅広い教科・科目・「校内講座」の選定は，次に質的拡大を必要とする。各分野にわたって，①基礎的・基本的なもの，②基礎的・基本的学習の定着・深化を図るもの，③興味・関心，趣味・教養的なもの，④直接人格に働きかけ，生き方や人生を学ぶもの，の4つの基準で科目・講座を設定しようというのは，その必要に応えるためである。」
8） シャープとグリーン（Sharp, R. & Green, A. 1975）は教師のイデオロギーについて，知識の本質や人間の本質についての観念，社会的文脈の中での教育の役割と機能についての観念，教師がはたすべき仕事の本質とそれを達成するのに必要とされる教育の技能や技術についての観念および教師と生徒との達成を評価する基準などを内容として含む「観念のセット」と定義している。
9） Ｉ教諭によれば，初年度フランス語学系には40人の生徒が集まったが，そのうちフランス語で受験するものは13人しかいなかったという。
10） 『Ａ高校（＝高校名）の教育 第7集』（平成2年度）には，新教育課程の審議過程が記載されている。その中で，国語Ⅰ，数学Ⅰ，英語Ⅰの単位を4単位から5単

位に増加単位する案が出されている。
11) 上述の通り、『A高校（＝高校名）の教育 第7集』（平成2年度）には，新教育課程の審議過程が記載されているが，国語Ⅰ，数学Ⅰ，英語Ⅰの増加単位の問題は，主要な争点の1つであり，約半年間かかって審議された。
12) 1989年告示の学習指導要領で，社会は「公民」「地理・歴史」に分割され，現在は「社会」という教科はないが，本章では比較の観点から引き続き社会という呼称を用いる。
13) ただし，すべての高校で同一にA高校と同じ現象がおこっている訳ではない。本稿は，高校階層構造でいえば中の上位にあたる高校ならではの対応の事例にあたるといえる。個性化・多様化政策の影響について，高校教育全体を射程に入れ筆者なりに分析した成果は荒川（2001）を参照されたい。

引用・参考文献

アップル，M. W. 浅沼　茂・松下晴彦訳 1982／1992『教育と権力』日本エディタースクール出版部

荒川(田中)葉 2001「高校の個性化・多様化政策と生徒の進路意識の変容―新たな選択・配分メカニズムの誕生」『教育社会学研究』第68集，東洋館出版社，167-186頁

荒牧草平・山村　滋 2000「普通科高校における教育課程の『多様化』」荒井克弘編『学生は高校で何を学んでくるか』大学入試センター研究開発部，47-72頁

藤田英典 1980「進路決定のメカニズム」山村　健・天野郁夫編『青年期の進路選択』有斐閣

飯田浩之 1996「高校教育における『選択の理念』―科目選択制の歴史的展開と今日の高校教育改革」『筑波大学教育学系論集』第20巻第2号，43-57頁

岩木秀夫・耳塚寛明編 1983『現代のエスプリNo.195・高校生』至文堂

苅谷剛彦 1981「学校組織の存立メカニズムに関する研究―高校の階層構造と学校組織」『教育社会学研究』第36集，東洋館出版社，63-73頁

菊地栄治 1996「高校教育改革の『最前線』」耳塚寛明・樋田大二郎編著『多様化と個性化の潮流をさぐる―高校教育改革の比較教育社会学』学事出版，28-45頁

King, R. 1973 School Organization and Pupil Involvement, RKP.

小川　洋 1997「総合選択制高校と高校教育の変動―普通高校の変容を中心に」菊地栄治編著『高校教育改革の総合的研究』多賀出版，3-24頁

岡部善平 1997「『総合学科』高校生の科目選択過程に関する実証的研究」『教育社会学研究』第61集，東洋館出版社，143-160頁

Sharp, R. & Green, A. 1975 Education and social control, RKP.

田中　葉 1999「『総合選択制高校』科目選択制の変容過程に関する実証的研究―自由な科目選択の幻想」『教育社会学研究』第64集，東洋館出版社，143-163頁

COLUMN
Number 2

　本稿は筆者の修士論文をベースにしている。理論的にも方法論的にも試行錯誤の日々だったことを思い出す。

　まず，A高校に入った折には，学校の時系列的な変化をエスノグラフィックに研究するとは思っていなかった。「高校教育改革が高校教育をいかに変えるか」に関心があったので，先導的実践事例であるA高校での調査はかねてからの願いだった。しかし，当初は，もっと多様な科目選択指導・進路指導が行われていると思っていたので，その様態を記述することを考えていた。それが，観察の結果，本論文で描いたように科目選択制が変容していることを知り，そこから「なぜそのように変容していったのか探る」という本稿の課題に移行したのである。これはこれで「新しいタイプの高校」が直面した現実であり，現代の高校教育の機能を再考する上で重要な課題だと思ったが，対応できる理論も方法論も持っていなかったので，あわてて勉強することになった。

　ただ，結果として，この時系列的なケース・スタディという手法は学校にアプローチするのに良い方法であったと思う。学校における教授活動，カリキュラムがどのように形成・維持されているかを，学校を取り巻く環境からの規制や，そこでの教師の葛藤にまで踏み込んで検証することができた。こうした研究が蓄積されることは，学校という組織の特質や学校の機能を照射する上で重要であると思う。私自身もまだ勉強中だが，自分なりに注意したこと，工夫したことを下記に記したい。

対象校の選定

　まず，事例研究の場合，対象校の選定が1つのポイントになるといえる。その学校に焦点を当てて研究することで，ある問いに答えが出せるという対象を見つけることが重要だと思う。私の場合，高校教育改革の動向に関心があったので，A高校に焦点を当てることで，「新しいタイプの高校」や高校の個性化・多様化政策の行方を予見できると考えた。ただし，調査は，希望した高校に受けてもらえるとは限らないので，あらかじめいくつか対象校をリストアップしておくと良いと思われる。

調査方法

　次に調査方法であるが，私自身も試行錯誤の途上で，荒削りな部分がある。ただ，自分なりに心がけたことをあげれば，以下の通りである。

　①まず，現象を説明できるように，組織論，カリキュラム論を学んだ。特に組

織変動を解明する際に，どの変数に着目し，それらの関係をどのように説明すればよいか，King (1973) や苅谷 (1981) の組織論を参考にした。

②①の作業を行った上で，組織がどのように変化していったか，できるだけ正確に記述することを試みた。その際に，教育課程の単位数等の見えやすい部分ばかりでなく，講座の内容や，non-organizational（非組織的）な教師の指導状況にまで目を配った。教員の指導状況については，できるだけ当時の状況を忠実に描けるよう，各教科・各年代の教員に幅広く話を聞かせてもらった。

③また，制度が改編された理由については，改編に中心的に関わった教員へのインタビューから明らかにしたが，その際，対象者はあらかじめこちらで設定しないようにした。最初に話を聞かせていただいた教員に，話に出てきた教員を紹介してもらい，またその教員に別の教員を紹介してもらい……という形で進めた。また，インタビューの際には，できるだけ忠実に当時を思い出してもらえるよう，あらかじめ当時議論になっていた事柄や，組織された委員会名等を校内紀要から列挙しておいたりした。

以上，いろいろ書いてきたが，実際の調査では，失敗と試行錯誤の連続であった。特に先生方にはずいぶんご迷惑をおかけしたものだと，改めて恐縮している。データ処理をする過程で新たな疑問が生まれ，4回も話を伺ってしまった先生もいる。また，発足当時に勤務していた先生には定年されている方も多く，自宅で話を聞かせてもらうことになった。車で駅まで迎えに来ていただいたり，バス停まで送ってもらったりしたこともあった。また，発足当時の資料がほしいという私の願いに，「家中の段ボールを開けることになった」と言われた先生もいた。本当に先生方のご厚意がなければできない研究であったとつくづく思う。ただ，先生方に，「自分たちがやってきたことを，まとめてくれる人がいるのは嬉しい」と言っていただいたことだけが，唯一の救いだ。

最後に，時系列的ケース・スタディの意義と限界について私論を提示し，締めくくりたい。すでに述べたように，この時系列的ケース・スタディは学校にアプローチするのに，良い方法であったと思う。学校における教授活動，カリキュラムがダイナミックに形成・維持されている様を見ることができた。ここで見られた現象を十分に理論化できれば，学校（高校）の組織構造を描く組織論的な研究にも，学校知を支える基盤を描くカリキュラム研究にも貢献できると思われる。ただ，やはり研究対象が1校であることの限界はある。2校，3校と研究を重ね，より一般化していくことが重要である。筆者も今挑戦の途中である。　　　（荒川　葉）

第3章
学年制を崩すシステムと共生への試み
単位制高校を事例に

遠藤 宏美

　生徒一人ひとりが自分だけの時間割を作ったり，留年がないなど，従来の「高校」の枠組みを崩すシステムといえる単位制は，近年の高校教育改革のなかで脚光を浴びている。一方で，個人単位でものごとを考える単位制に対し，「個人主義化する」「集団行動がとれない」などの批判も多い。果たしてそのような批判は妥当なものなのだろうか。本論では，単位制高校のなかでも，「学年」を完全に廃止し，他校を中退した生徒を積極的に受け入れたり，生徒のライフスタイルや学習ペースに合わせて空き時間を自由に設定できるようにするなど，もっとも先進的な実践をしている，ある全日制単位制高校を取り上げる。そして，新しいシステムであるがゆえに同校の生徒に存在する独特な意識や単位制高校ならではの課題を明らかにし，同校が目標として掲げる「共生・共育」への試みをスケッチする。

第 3 章

1. はじめに

　臨時教育審議会以降の一連の教育改革は,「個性化・多様化」をキーワードにさまざまな形で具体化されてきた。なかでも履修科目の選択の幅を広く設定できるため, 個性化・多様化をより実現しやすいものとされ, 各地で具体化されてきているのが単位制高校である。一方, 現在では少子化に伴って, 統廃合を含む高校再編計画が各地で進められている。そのなかで単位制高校の設置は総合学科や, 生活スタイルやペースにあわせて柔軟に時間割を設定できる高校の設置などと並んで, 改革の中心に据えられている。これらの改革には, それまで設置されてきた単位制高校の実績が評価されているであろうことは想像に難くない。

　さて, 単位制高校とは, 個々の生徒が時間割を自由に作成できるだけではなく, 入学前の就学歴までもが大きく異なる生徒を受け入れることのできる高校である。それは後にも見るように, 従来の「高校」という枠組みを崩す新しいシステムであるといえよう。そこでは生徒たちのなかに, 新しいシステムであるからこそ芽生える新しい意識があるのではないかと考えられる。本論では, 現在進められている改革に先立って設置されたある単位制高校を事例として取り上げ, 新しいシステムである単位制高校が, すべての面において多種多様な生徒たちに一体どのような意識を生み出させ, その結果としていかなることが現在の課題となっているのかを明らかにしていきたい。

2．新しいシステムとしての単位制高校

　単位制はもともと，戦後の新制高校の発足時に，アメリカのハイスクールで使用されていたものをならって採用されたものであり，決して目新しくはない。しかし戦前に学年制が根づいてしまっていた日本において単位制は浸透しにくく，また学年制によって生徒管理と教科指導がしやすいことから，実際には学年制を採ることが多くなり単位制は衰退していった。一方，高度経済成長にともない高校進学率が1974（昭和49）年に90％を超えたが，それはすなわち，学力レベル，興味・関心，進路希望などすべての面において多様化した生徒を受け入れることであり，不本意入学も増加していくことになった。また事実上，学年制が採られることによって進級に必要な単位が1単位でも不認定になれば原級留置（いわゆる「留年」）の措置もなされ，それが直接的・間接的に高校中退を引き起こし，中退者の増加は大きな社会問題となっていた。

　そのような背景のなかで，単位制高校は全国都道府県教育長協議会高校問題プロジェクトチームによって提唱され，その後，臨時教育審議会で高校改革の中軸への位置付けなどがなされた。そして1988（昭和63）年度から定時制・通信制の高校で，1993（平成5）年度より全日制の高校で単位制の設置が可能となった。

　最近ではこれまで設置された単位制高校のほかに，東京都においては進学重視を打ち出した単位制高校への改編や，「チャレンジ・スクール」と称した昼夜間開講の単位制高校の設置がなされ，神奈川県でも単位制高校の一種である「フレキシブル・スクール」が設置されているなど，単位制を活かした新しい高校づくりが各地で試みられている。

　ところで単位制とは，単位を基準として学習量をはかるしくみで，高校に通算して3年以上在籍し，必修教科と選択教科を履修しながら修得した科目の単位を積み重ね，定められた単位数をおさめることで卒業が可能となる制度のことである。単位制は学年による教育課程の区分を設けないため，生徒は自分の興味・関心・進路に応じた履修教科・科目を選択し自分だけの時

間割を作ることができ，授業をとらない，いわゆる「空き時間」を作ることも可能になる。単位制では「学年」はありえず，したがってたった1単位の修得が認められなかったために，現在の学年にとどまるということはなくなる。また，学年がなく単位の修得が卒業の要件であるということは，入学や卒業の時期が学期ごとに認められるといったことも可能になってくる。さらに他の高校を中退した生徒が，その学校で修得した単位数を単位制の学校で活かしていくことも可能となり，転籍・転学も容易になる。

しかし，単位制を採る高校ではすべてこのようなことがらが可能になっているかといえば決してそうではない。特に全日制課程においては単位制高校といっても，「画一的」といわれた従来の高校と比べてあまり変化がみられない「単位制高校」が大多数であり，単位制という新しいシステムの利点を十分に活かすことがまだ難しいといえよう。

新しいシステムによる難しさはほかにも，「個々の生徒がアトム的に存在するようになる。……（中略）……これまでの学校のそのような試みは，失敗している経験しか私は知らない」という記述にあらわれたり，また「対象となった単位制高校の生徒は，『集団への協調性』を嫌い，〈原子化・個別化〉の居心地のよさを積極的に評価している」といった報告などから，「個人主義化する」「集団行動がとれない」として単位制高校を批判する動きに見られたりする。しかし，新しいシステムが新しい問題を生み出しているという事実がある一方，その問題を克服しようとする試みが行われているのもまた事実である。その試みを，単位制高校であるA高校を事例に見ていくことにしたい。

3．A高校の歴史的・社会的文脈

a．a県の特徴

本論では，後述するように，a県A高校における調査に基づいている。まずは，調査時点におけるa県およびA高校の特徴を簡単に記しておく。ただし，プライバシーの関係上，a県およびA高校を特定するような記述は行わないことにする。

ａ県は大都市圏に位置し，県外からの（とくに若年労働者を中心とした）人口の流入が激しかった県のひとつである。昭和30年代から，県外からの人口流入に加え，第１次・第２次ベビーブームによる中学校卒業者数の増加，高度経済成長にともなう生活水準の向上や高学歴志向を背景とした高校進学率の上昇などによって，高校増設運動が引き起こされた。全国的にみると高校進学率は1974（昭和49）年度に90％を超えたのだが，ａ県においてはそれよりも４年前の1970（昭和45）年度には90％を超えていた。そのころからａ県では公立高校の増設計画が実施され，最終的にａ県の全公立高校の数は計画以前に存在した数の２倍以上になった。高校進学率の高まりは普通科志向も増大させ，ａ県においても増設された高校の多くが普通科として設置された。それに加えて，ａ県における高校入試の方法では中学校での成績（内申）や学習検査の成績が重視され，入試当日の学力検査の比率が低く設定されていた。その結果，入試以前に受験者の選抜資料の多くが決まってしまうため，中学校側では「15の春を泣かさない」ために進路指導においてはほぼ完璧ともいえる「振り分け」が行われていた。高校の急激な増設と完璧な「振り分け」を可能にした入試制度がもたらしたものは，高校間格差の構造化であったという歴史をａ県は抱えている。

　このような，高校進学率の急激な上昇やベビーブームによる進学者増加への対応のため，高校の量的な充実をはかった結果として生じたさまざまな問題に対し，ａ県に限らず全国レベルで質的な検討を迫られることを余儀なくされた。ａ県においてはこの検討のなかで新しい特色ある高校の形態を模索し，新構想高校設置の基本的な考え方として「偏差値から個性値へ」をかかげ，「単位制による高校」の構想を提言していった。そして全日制普通科の単位制高校として，1995（平成７）年にａ県立Ａ高校を設立したのである。ａ県における高校教育政策について，Ａ高校の教頭（当時）は，このように語る。「ａ県の姿勢はね，ちょっと違ってるんですよ。その，考え方が。理想論を若干追っている部分があるんですよ。……いわゆる個性を伸ばすっていうとこを重点に……」。その考え方のもとで設立されたＡ高校は，詳しくは後述するが全国的に見ても「パイオニア」的存在である。

図表3-1 単位制の運用の実態（単位制運用の柔軟さの程度）

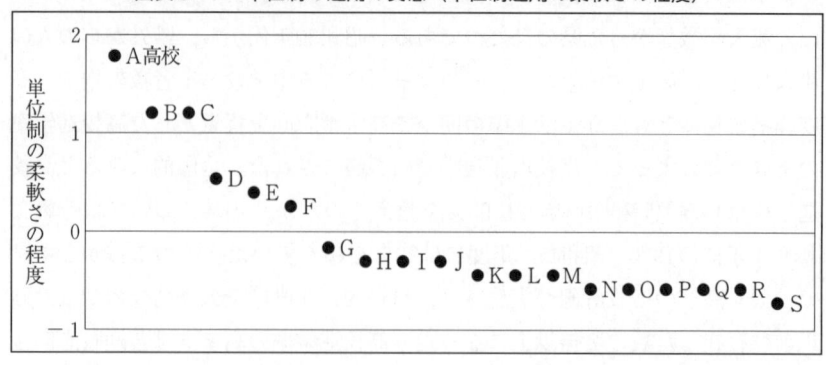

注：全国の公立全日制普通科単位制高校に対し，1998（平成10）年に筆者が行った調査の結果の分析から作成したもの。「入学（卒業）の時期を学期ごとにも認めているか」「他校からの中退者の編入を認めているか」「空き時間を作ることを認めているか」など，単位制の運用に関する9項目についての回答を数量化理論第Ⅲ類にかけて，各学校のサンプルスコアを出した。数値0をはさみ，数値が高いほど単位制を柔軟に運用しており，逆に数値が低いほど，従来型の学校とあまり変わらないことをあらわす。

b．A高校について

A高校はa県のなかでも人口の密集するb市にあり，交通の便はよい。調査当時における生徒募集は中学校新規卒業者（以下，「現役生」）だけではなく，海外帰国生徒（以下，「帰国生」），他高校を中退した生徒（以下，「中退生」），在県外国人生徒などに対しても別枠を設け，前期（4月入学），後期（10月入学，中退生・帰国生のみ）の2回に分けて行っている。a県におけるA高校の人気は高く，入試の際の倍率は県内上位であり，学力レベルも高い。

さて，一口に単位制高校といっても，従来からある高校とあまり変わらない学校が多いことについてはすでに触れた。実際，筆者が以前行った調査によれば，A高校を含めた全日制普通科の単位制高校を比較した際，学校ごとに単位制の運用の柔軟さに幅があることが認められた（図表3-1）。すなわち，科目選択を大幅に自由にしただけで，入学・卒業の時期はこれまでと同じ年度始め・年度末のみ，他校からの中退者は受け入れない，空き時間を作ることは認めないなど，単位制を十分に活用していない学校が大多数であった。そのなかでA高校はこれらの傾向に反し，もっとも柔軟な単位制を採っ

図表3-2　ある生徒の時間割（筆者の調査から）

	月	火	水	木	金
1	Reading	外国事情	Reading		時事問題
2		政治経済		地域研究	ダンス
3	保　　育	国語表現		作品購読	C.R.
4		課題研究		L H R	地理A

注：C.R.＝クリエイティブ・ライティング，LHR＝ロングホームルーム。空白部分は空き時間。
　　1時限90分授業で2学期制をとっている。

ているといっても過言ではない。たとえば単位制を柔軟に活用した結果として，A高校では全日制課程でありながら，朝決められた時間に登校することは指導されていないし，空き時間も自由に設定できる（図表3-2）。毎日のホームルーム活動はなく，個々の生徒への連絡は一人ひとりに与えられたロッカーを利用する。ホームルーム単位での授業はなく，週1回，ロングホームルームの時間が設定されているのみである。さらに，学校での学習以外の単位修得も認められ，技能検定，同校が行う社会人向けの生涯学習講座の受講，また連携する大学での講義の受講などで修得した単位を卒業に必要な単位に組み入れることもできる。

　A高校の単位制高校としての取り組みは，従来の高校の枠組みをすっかり崩してしまうものである。たとえば，A高校は単位制のため学年制を採っていない。したがって「学年」はありえないため，生徒を「学年」で呼ぶことはせず，入学した年度ごとに「期」を使用する。たとえば開校1年目に入学した生徒は1期生，2年目は2期生，というように。他の単位制を採る高校（総合学科を含む）でも「期」で呼ぶように努力はしているようだが，筆者の経験によると，実際には「〇年生」「〇年次生」と呼んでしまっていることが多いように思われる。その点からすると，A高校では誰もが徹底して「期」を使って呼んでいるということは，従来の高校観から見ればかなり違和感を抱かざるを得ないだろう。

　単位制の理念を実現しようとして柔軟に取り組むことは，時間割だけではなく，進路，年齢，国籍なども異なった，多様な生徒を受け入れることにつながる。しかし一方で，そのような柔軟な単位制への取り組みは同時に課題をも生み出す。例として，A高校が学校目標に「共生・共育」を掲げている

第3章　学年制を崩すシステムと共生への試み　47

ことが挙げられよう。なぜなら目標として掲げるということは、単位制というシステムが、個人の自由を尊重した結果として個人と個人を切り離してしまう性質を持つために、「共生・共育」が難しい課題であることを逆にあらわすことになっているからである。その大きな課題を自覚的にとらえ学校目標としているA高校においては、どのような実態があり、またどのような取り組みがなされているのだろうか。

4．A高校における「新しい意識」

　ここではa県立A高校という単位制高校を事例に、質問紙調査自由記述欄および聴き取り調査の結果を分析し、A高校における課題と取り組みを描き出していきたい。当該の質問紙調査は、「単位制高等学校における生徒の学校生活に関する調査」として1998（平成10）年9月に、当時在学3年目であった生徒らに対し実施した。ここで用いるのは、その自由記述欄に記入してもらった部分であるが、それは生徒たちに限られた時間内で限られた欄に記入してもらったものであり、彼らの本音を聞き出すという点で不十分であった。そこで実施したのが聴き取り調査である。聴き取り調査は2000（平成12）年3月に教頭（当時）に対して、また5月には生徒14名に対して行った。

a．排除の論理
(1) 単位制であるがゆえのレッテル貼り

　A校の生徒は、単位制というシステムのもとで生活しているがゆえに、その生徒個人と、①科目の履修や単位の修得などをはじめとする、単位制独自の学校内部のシステムとの関係、②単位制によって時間割が異なる他の生徒との関係、という点について、日ごろから意識しているのではないかと考えられる。その結果、生徒たちは主観的であると同時に客観的に、自分と学校との関係を見つめたり、自分と他人とを比較したりしている。しかしそのために、例えば以下のような記述や発言に見られるように、自分を含めた生徒それぞれをタイプ分けしたり、あるいはレッテルを貼ったりしてしまいがちになる（以下、「　」内の文章は質問紙調査における自由記述であり、名前を付し

た発言は聴き取り調査によって得たものである。名前は仮名とした)。

「自分に責任が持てる人には単位制は向いていると思う」
「単位制というのは，有効に活用できる人には向いていると思いますが，そうでない人には……（中略）……あまり意味がないと思うんです。」
「本当にしたいことのある人，みつけたい人にはほんとにいい学校」
「自主的に生活できる人のみ向いてると思う。」
「自分に厳しくできない人には合わないと思います。」
「人によって本当に向き不向きがあると思う」

サエ； 今，うちの学校ですらも，けっこう，あ，ダメだっていう人が多いから，多いっていうか，私の周りにちょっといるから，やっぱりそれは向いている人向いていない人がいる。

　これらに共通した特徴は，「○○な人には（にのみ）」という表現であり，生徒どうしで「あの人は○○な人」といったタイプ分けやレッテル貼りをし，また，お互いが単位制という制度に「向いている」あるいは「向いていない」と判断しているのである。このような意識は従来型の高校にはあまり見られない，単位制による独自の考え方だと思われる。

(2) 自己責任の論理
　また，普段から科目の選択や授業への出欠席などについて「自己責任」という言葉が多用され，学校生活上のさまざまなことがらの責任は個々人に帰せられることを生徒たちは身をもって体験している。またA高校では校則がほとんどないに等しいため，生徒指導に関しても同校の教員は，個々の行動は自己責任を持って行うよう指導しているという。それらの結果として，まるで厳しい競争のなかに身を置いているような，以下のような記述があらわれてくる。

「よくも悪くも自分次第だ」
「単位制は，落ちていく人は落ちていく。向上していく人は向上してい

第3章　学年制を崩すシステムと共生への試み　49

く。本人の責任感の問題。」
「落ちるやつはどこまでも落ちていく。やる気のある人のみが生き残れる。」

さらに個人主義化が進み，「私」にとってはいいけれど，他人のことまでは関知しない，と言わんばかりの，自己中心的な記述や発言も見られた。

「私にとっては合っていたのですごくよかったけれど」
「私は単位制ということをフル活用し，充実した生活を送ったから向いていたと思う。」
「サボってもあまりわからないし，LHR（筆者注：ロングホームルーム）に来なくてもわからないし」

ユウジ；（集団行動が嫌いな生徒は「放っとけって感じ？」という筆者の質問に対し）一緒にやろう，っつーのは，ほんと，心意気がある人しか言わなくって。

これらの表現は，決して悪い意味での個人主義・自己中心的な考え方から生まれるのではなく，個々がバラバラにされてしまう単位制のシステムにおいて，自分がとった行動はすべて自分に跳ね返ってくるということをよく理解しているからこそあらわれてくるのであると理解するのが妥当であろう。

(3) 排除される生徒たち

しかし，自己中心的な考え方の究極の形態を示す表現が，質問紙の記述上では少なからず見られた。以下に見られる記述は，開校2年目に入学した生徒たちのものであるため，自分たちが学校を作っていっているのだというプライドや愛着があり，自分たちの学校を悪くしたくない，評判を下げたくないという思いでいっぱいであるからこそ出てくるものであるといえる。それにしても，自分がこの学校に適応できており，快適な学校生活を送ることができているがゆえに，そうではない他人に対しては「むかつく」思いをし，学校に「来るな！！！」とさえ言い，冷たく突き放す表現が目につく。

「単位さえとれればいい，と休む人はむかつく。」
「意欲のない人は来るべき所ではない。」
「『あと何回休める』とか言っている人にははっきりいって来ないで欲しい。」
「先生に『あと何時間休める？』なんて聞くヤツはウチの学校に来るべきじゃない。」
「決断力や意思の強さがない人はやめるべき。」
「目標ないヤツ来るな！！！」

　単位制は元来，個人の学習を優先すると同時に，それを保証する制度であるといえるし，今日の教育改革で単位制がもてはやされている理由は，まさにその性質にある。特にこのＡ高校の場合，学習に関してのみならず個人の生活リズムにまでその優先する範囲は及び，まさに個人の都合を優先する単位制であるといえる。したがって，自分が最優先で自己中心的になるのはやむをえないことと考えても，まったくおかしなことではない。しかし「自分」という「個人」を優先することと同じ程度に，「他人」という「個人」の学習も保証される制度であるにもかかわらず，他人と自分とが切り離されてしまうシステムであるために，自分を守り，自分にとって有害な他人を拒否してしまうおそれがあるのである。
　まさに，ここには排除の論理が働いているのが見てとれよう。単位制高校，特にＡ高校では集団での行動があまりにも少ないため，このような「排除の論理」が「いじめ」のような状態にまで発展することは考えにくいかもしれない。しかし単位制が「個性化・多様化」を実現するために今日の教育改革で重要な役割を担っている以上，単位制のシステムによって発生する「排除の論理」を見逃すことはできまい。

ｂ．学年制を採らないことによる，新たな「壁」
(1)　中退生の眼
　ところでＡ高校には一般募集のほかに，他校からの中退者を受け入れる枠があると先に述べた。そのため，中退生は各期の定員のうち２割弱を占める。[3]

したがって同校では同じ年度に入学した生徒どうしでも，一方は中学校を新規で卒業して入ってきた15歳，もう一方は他校を中退して入ってきた年上の生徒で，人によっては20歳前後，と年齢がまちまちである。中退生は定員の２割ほどの人数がいるが，「学年」を取り払い「同期」といっても，おおかたは現役生である。となると，中退生はやはり現役生との年齢や経験の差を気にしてしまうのは当然なのかもしれない（以下，生徒の名前のあとで〔現役〕とあるのは現役生，〔中退〕は中退生，〔帰国〕は帰国生をあらわす）。

> 筆者；　普通，中学校からストレートに上がってきた子とは仲良くしてる？
> ナオキ〔中退〕；　いや，わからない。
> ヨシコ〔中退〕；　あー，年がだいぶもう違うから。
> ナオキ；　そっそっそっそっそ。
> 筆者；　全然？
> ヨシコ；　全然。5こ（歳）くらい違うから。

> 筆者；　年下とかだと友達にはなれないの？
> タケシ〔中退〕；　んー，年，年はいいんだけど，考え方すごい，ね，お子ちゃま。お子ちゃまぽくて。自分が老けて見える。

> セイジ〔中退〕；　なんだろ，（現役生とも）話せるんですけど，全然，普通に。でも根本的なものが何か違うっていう感じがしますね。

(2)　帰国生らの眼

　A高校には他に，海外帰国生徒，在県外国人生徒対象の定員枠があり，両者を合わせると全体の１割強の在籍がある。彼らは年齢的には現役生とほとんど変わりがないが，異文化での経験がある分，異なった感覚を持ち合わせている。したがって中退生に限らず帰国生の目にも，高倍率・高レベルの入試を突破してきた現役生の「エリート意識」のようなものが映って見える。それは留学を経験した生徒にも同様のことがいえよう。

チエミ〔帰国〕；　ときどきすごい思うのが，なんか，けっこう，あんまり，なんかストレートで入ってきた人たち，私は帰国だから全然そんなことないんですけど，普通にストレートで入った人たちは，みんなこう，なんか，できる人達だから，そういうのでやっぱりちょっとなんか，枠があるのかなみたいな，疎外感があるのかなってときどき。特に後期（で帰国）入学者だから，特にそう思うのかもしれないけど。

　トモカ〔現役〕；　現役で入った人は，現役で入ったっつーか，人にもよるんだけど，全部，やっぱりここんところ，なんつーの，頭いいっていうか，なんつーの，倍率高いから入りにくいじゃないですか，だから勉強勉強ばかりで来た子たちがけっこう多くって，たまに常識なってないよ，みたいなことも。(筆者注：A高校在学中に1年間の留学を経験)

(3)　現役生の眼
　以上に示したように，中退生・帰国生らの眼が現役生に向いていることを，現役生自身も感じ取っている。そして同じように，現役生が中退生を見る眼もつくられる。それぞれがそれぞれの独特の行動をつくり，お互いに意識しあっていることが以下の発言からわかるだろう。

　アキ〔現役〕；　ちょっと中退してきた子自身が，なんか，ハリネズミのようにちょっと強がっちゃってる子も一部いるんですけど，(略) たまに中退の子達は中退の子達でかたまってしまうことがあるんですけど。

　ノゾミ〔現役〕；　そう言っちゃなんだけど，やっぱり中退枠とかで，なん，なんとなく見た目にもわかる感じの中退生の人とかで，「あー，今，空けたー？(筆者注：授業をさぼって時間を空けること)」とかなんとかそこらへんいたりすると，やっぱりそういう人見ると，あ，やっぱりねとか思っちゃってる感も自分であるんですけど。……(中略)……私の感覚としてはちょっと別，別枠って感じがしますね。

第3章　学年制を崩すシステムと共生への試み　53

学年制を崩すという単位制のシステムはたしかに,「学年」を使わず「期」で呼ぶなど,「学年」という壁は取り払うことができたが,思いがけず「中退生」と「現役生」あるいは「現役生」と「帰国生（を含めたその他の生徒）」という枠をつくることになってしまったようである。以上の発言から,中退生・帰国生・現役生のそれぞれが学年制の崩壊によってつくられた枠と壁の存在を認識していることがわかるだろう。それは教員側でも把握しており,指導の難しさを感じているのが以下の発言からわかる。

筆者；　中退者じゃない生徒が,中退者の生徒に対して見る眼っていうのは,それほど壁はない,っていう……
教頭；　ないだろうと思うんです。
筆者；　その逆はあるんですか。
教頭；　逆はあるんです。逆は。

教頭；　ただ,中途退学者にとってはちょっと異質なわけですよ。その,中学校,海外帰国生徒も在県外国人も,中学校から来る生徒も,まあ同じ年齢層だから,心はオープンに開いている。だけど中途退学者は,1回,こう,やめるという劣等感があるから,殻に閉じこもるんですよ。……（中略）……その殻が破れればいいんです。これが難しい。と,いくら共生・共育,なかなかね,融合するわけにいかない。どうしてもその,中途退学だけの子が集まって,仲間を作っていったり,それはしょうがないかって……15歳から18歳までの,まあ,20歳超えてる子もいるんだから,もう,考え方が決定的に違うんだな。一緒にしろということも無理だし,大人だってできないことを子供に要求するのはね,ちょっと酷すぎるんだ。

5．共生への試み

(1)　共に学びあう仲間たち
　これまでに見てきたように,やはり単位制のシステムは個人主義的な,排

除しあう関係を築いてしまうのだろうか。単位制高校における「共生・共育」はしょせん，夢物語や幻想でしかありえないのだろうか。実際，単位制であるがゆえに排除の論理を生み出したり，学年制を取り払った結果として中退生と現役生との間の壁ができてしまったりするなど，その点ではA高校の「共生・共育」の目標は達成されているとは言いがたい。

だが，だからといってA高校ではその理想が実現されえないのかというと，決してそうではない。年齢も経験も大きく異なる生徒どうしが同じ授業をとり，一緒に机を並べることについては，生徒たちは肯定的に受け止めており，共に学ぶ生徒としてお互いをとらえているようである。その機会が圧倒的に多いA高校では，自然と「先輩・後輩」という意識が薄れているようである。

「好きで集まったメンバーだから，レベルとかもかなり高くて，だから負けたくないってがんばれる。自分のレベルも上がるし，友達も授業ごとに変わる分だけ，たっくさんできる。上下関係もあまりなくて，学年・年令をこえていろんな友達がいるのは，いーことです。」

アキ〔現役〕；（年齢が違う人と一緒に授業を受けることについて）すごい新鮮ですね，なんか。外だとやっぱ，中学ん時とかってやっぱ，上下関係があって，それがすごい，たった1才しか変わんないのに，息苦しかったりとかしたんですけど，うちの学校の場合は，（上下関係が）ないし，……（中略）……やっぱちょっと長く生きてきた分だけ教わることも大きいし，やっぱ，下の年齢の子からもすごく教わることがあるかなーと。こういう授業のあり方はいいですねえ，なんか。

筆者；（サエが「先輩」という言葉を使ったことに対し）今，先輩って言葉使ったんだけれども，先輩ってすごく気にする？
サエ〔現役〕；　いや，気づいたら，こう普通にしゃべってて，あ，先輩だったって（笑）。
（略）
筆者；　じゃ，自分が来年，先輩になったら，やっぱりどう？

サエ；　いや，もう，呼び捨てでも（笑）。
筆者；　「先輩」なんて気持ち悪い感じかな？
サエ；　ちょっと，やっぱりこういう学校だから，あんまり気にしなくても，いいかなと。

トモヤ〔現役〕；　あまり年を気にすることはないですね。学年がないっていうのもあるんだけど，先輩とかっても別に……。意識はあまりしたことはないですけど，自分では。

　現役生は中退生と違い，概してあまり年齢の差などを気にしていないようである。先に引用したように「中退生は中退生どうしで固まる」と見ていても，だからといって敵視したり自分たちとは相容れないものとして見ているわけではない。むしろ，そのような年齢差があることはA高校では当然のこととして受け入れているのである。

アキ〔現役〕；　別に中退してきた理由を聞くわけでもないし，そういう門があるからみんな来ているわけで，あえてそこで，なんで，とか聞かないし。

　そして学校側の指導の姿勢も，以下の教頭の言葉に集約されていると考えられる。つまり，これまでの学年制で行っていた「みんな一緒に〇〇しなければならない」というやり方でではなく，「共に学ぶ」という基本，それをもっとも重要視しているのである。

教頭；　だけども，それ（年齢や経験の異なる生徒がいるということ）を，認識しているだけでも違うなって思う。その，この学校の中で。いつも付き合うのが15歳の同学年だけの世界じゃなくて，異年齢・異学年，もっと上の20歳を超えた人も，同じ教育の中で机を並べて勉強してるんだということを，認識してるかしないかが，非常に違うだろうと。お互いに，話をしなくてもね，それが集団だということならば，成果はあるん

だろうなと思ってるんです。

　これは生徒指導に関してのみならず，教員自身・教員どうしも「同じ時代を生きる１人の学習者である」という意識で生徒たちに接し，自らの人生経験をぶつけて授業を行っているそうである。生徒にばかり「共生・共育」の考え方を押しつけるのではなく，教員もＡ高校を構成する一員として，まさにＡ高校が一丸となってひとつの目標に向かって進んでいることが伝わってくる。

　(2)　共生・共育の可能性
　これまで，生徒・教員が一丸となって共生・共育に取り組んでいることを示してきたが，さらに生徒たちの以下のような記述によって，共生・共育を実現していく可能性を強く感じることができることを示したい。

　　「やる気のない人にも『やる気のない人は問題外』みたいな態度をとればよけいやる気はなくなってしまう。どんな人にでも自分ががんばれることを少しでもやっていけるようなかんじでまわりの人も認識していけるのが一番いいと思う。『しっかりしている人』のためだけのものだったらやる気のない人はどんどんふえていくと思う。」
　　「助け合いつつ，自分をしっかり持って，物事に取り組む力を養う，という面では，単位制のシステムは，やはり有効だと思います。」
　　「個人で行動する意識があるからこそ，部活などの組織の大切さもわかる。」

　たしかに，学年という枠をはずし，個人単位や授業単位でものごとを考えていく単位制のシステムでは個人が他人と切り離されるのが必至であるため，やはりそう簡単には「共生・共育」を実現するのは難しいといえるだろう。その点では単位制高校に対する「個人主義化する」「集団行動がとれない」などといった多くの批判はもっともかもしれない。しかし以上のような記述や発言からわかることは，まったく「共生・共育」の可能性を捨てる必要はないということである。なぜなら，いったん自分と他人とを切り離し，客観

的そして総合的に自分たちを見つめていることから上記のような表現がなされているからである。単位制高校では自分自身が「個人」として尊重されるがゆえに，必然的に他人の「個人」としての存在をも過剰に意識することになる。しかしその他人に向けられる過剰な意識が「排除」の方向へ向かうか，「共生」の方向へ向かうかは，実は紙一重といえるのかもしれない。

6．おわりに

　本論のはじめに提示した課題に対しては，単位制であるがゆえに生徒たちに芽生える独特な意識や論理を提示し，A高校ではすべての活動が個人単位になりやすいために「共生・共育」という目標を掲げて取り組んでいる姿を示してきた。数多くある単位制高校のなかでも特に先進的なA高校を事例にすることによって，これから同校をモデルとして進められていく高校教育改革や他の単位制高校における課題を提示できたのではないかと思う。
　単位制高校は先にも述べてきたように，これまでの，そしてこれからの高校教育改革の中心的な役割を果たし，多くの問題を解決できるシステムであるかのように扱われているが，決してそうではない。「生徒のニーズにこたえ，個性を伸ばせる」ともっとも理想的であるとされているA高校にさえも，課題がまったくないわけではない。本論は，単位制高校はあるひとつの問題解決の「スタイル」を提案しているだけで，その効力を過信してはならないということにあらためて気づかせてくれる。しかしそれは，単位制高校に対してむやみになされる多くの批判をそのまま容認することとは異なる。
　単位制高校においては「個性化・多様化」と「共生」，すなわち個人の「分離」と「統合」といった，異なった方向へ向かう価値が存在するために課題が多い。しかし単位制の本来の意義を失わずに活かしていくためには，どちらの価値にも偏ることなく，A高校のように自覚的に課題をとらえて取り組んでいくことが必要とされているのである。

注
　1）　藤田敏明　1997『単位制は教育改革の切り札か？』洋泉社，55頁。

2) 菊地栄治 1996「高校教育改革の『最前線』」耳塚寛明・樋田大二郎編著『多様化と個性化の潮流をさぐる』学事出版，38頁。
3) 正確にいうと，この中退者枠で入学してくる生徒は前籍校ですでに単位をある程度修得している生徒であり，前籍校でまったく単位を修得せずに中退してしまった生徒は中学校新規卒業者と同じ枠で試験を受けることになるので，実際に中退を経験している生徒の数は若干多いと考えられる。

COLUMN
Number 3

1．A高校でのインタビュー

　調査を行った単位制高校のA高校は，生徒は空き時間も自由に設定できる。そこで，より生の声を聞くために，休み時間などにインタビューの場を設定するのではなく，あえて授業中，空き時間で廊下にいる生徒に声をかけてインタビューを行った。校舎のあちこちの廊下にフリースペースと呼ばれる場所があり，いくつかのテーブルと椅子がある。そこには，次の時間の予習をしている生徒，間近に迫った舞台のセリフを覚えようとしている生徒，ギターの練習をしている生徒……みな，熱心に何かに取り組んでいて，声をかけるのをためらったことも少なくなかった。ただ，自主的に「空けて（＝授業をサボって）いる」生徒も（若干であるが）いて，インタビューをしてよいものかどうか迷ったが……彼らには「なんでも聞いてくださいよ，なんでも答えますから」と，飾らない言葉を多く返してもらえたことが唯一の救いといえるだろうか。

　また，A校は女子生徒が多い学校で，「男子生徒があまりみつからず，男の子の話がなかなか聞けない」と女子生徒にこぼすと，わざわざ友人の男子生徒を携帯電話で呼び出そうとしてくれたり，廊下を走ってつかまえようとしてきてくれるなど，たいへん親切にしてくれた。さらにインタビューの終わりには，ほとんど必ず「がんばってください」と言われたことがうれしくもあり，また恥ずかしくもあった。本論が彼ら・彼女らの親切に応えられたかは疑問であるが，心から感謝したい。また，年度末のお忙しいなか，私のためにお時間を割いてくださった当時の教頭先生には，質問紙調査を実施したときから大変お世話になった。さらに生徒へのインタビューをするために学校へうかがった際，生徒の空き時間でのたまり場にわざわざ案内してくださった先生をはじめ，いろいろとご配慮くださったA高校の先生方にこの場を借りてお礼申し上げたい。

2．インサイダーかアウトサイダーか―教員免許はとっておいた方がトクか？―

　さて，私は今回はじめて実際に生徒へのインタビューを行った。その際，本論に限った話ではないが，学校をフィールドとする研究を行うにあたって，私は教員免許状を持っていないために必然的にアウトサイダーとして調査を行うことの意義を考えることとなった。非常勤講師としてフィールドに入って行った研究（たとえば，宮崎あゆみ「ジェンダー・サブカルチャー――研究者の枠組みから生徒の視点へ――」志水宏吉編著『教育のエスノグラフィー』275-301頁，嵯峨野書院，1998年など）は大変リアリティのある研究になっており，また実際，調査もしやすいのではない

かと憧れに似た気持ちを持っていた。教員免許さえ持っていれば，インサイダーとして調査に入るかアウトサイダーとして入るかを選ぶことが可能である。しかし私には選ぶ余地さえない。大学学部時代，「研究者になるのだったら，教員免許は必要ない」と思い込み，教職課程をあきらめた（取得すべき単位数が多くて挫折したことへの言い訳だったのかもしれない）のが，今となっては，持っているにこしたことはなかったのではないかと悔やまれてならない。しかし反対に宮崎は，インサイダーとして調査をすることの問題点を挙げている（同書，302-303頁）し，フィールドに入ってからの教師・生徒との関係に試行錯誤し「学校ならではの難しさもある」というものもある（酒井朗，同書，249-250頁）。たしかにそうかもしれない。いつだって，隣の芝生は青く見えるものである。無いものねだりをしても仕方がない。むしろ「インサイダーか，アウトサイダーか」の選択で迷うこともなくてよかったのだと，そう都合よく考えるようにしている。　　　　　（遠藤　宏美）

第4章
選別のなかに潜む「ジェンダー」

進学向上策のなかの共学校

李 敏

　私は1998（平成10）年に，男女共学の進学校Ｉ高校で調査を行った。この調査は，『進路の手引き』という資料をもとに，女子学生の進路選択時の情況や変化を平成7年から10年までの4年間について，追跡したものである。また，Ｉ高校の卒業生に対するインタビューを通じ，データの説明と補完も試みた。そこで従来の研究とは異なる結果が出た。1つ目は文科系・理科系で女子学生が異なる進路選択の方法をとっていることである。理科系の女子学生は男子との差があまりない。2つ目は男女の進路差は学力とジェンダーの要因のほかに，制度的な原因も影響することである。3つ目に，社会意識や教育政策の変化に伴い，学生の進路選択が年ごとに変化することである。学生たちの進路選択は決して静態的でなく，絶えず変化するものなのだ。

　この調査では，進路指導実践の課題も，過程論──学校の個別性とその歴史的文脈を重視──の視点から吟味する必要があることを示唆している。

第4章

1．はじめに

　　レイコ；　わたし，何となく男の子と勝負っていうか，成績で……浪人はしたくないなあ。……1年間で，ずっと今までみたいに勉強することに自信がなかったし，あまり。クラスの子とすごく仲がよくて，みんなで勉強したりするのはとてもよかったので。そうじゃないのに，受験勉強はとてもできないと思って……。仕事はしていきたいなあと思いますけど，でも子どもがすごくすきなんで，わからない。……かわいいけど，やっぱり……。

　これは筆者が1998年にH市のI高校で調査を行った時，1人の女子学生レイコが語った話である。自分の能力に対して自信満々で，「男に負けたくない」という気負いをもってはいるが，他方では，やはり女性としてのかわいらしさや責任とされるものを失ってはいけないという意識が窺える。この話から，女子学生の矛盾ともいえるような複雑な思いが読み取れるだろう。
　このような話は，調査のなかでたびたびあらわれたものである。進学向上策をとるI高校では，女子学生の進学率がとても高く，学力において，男子と負けず劣らずである。反面，将来の生活を設計する時になると，「女だから」といういわゆるジェンダーの刻印が随所にみられる。このことは，とくに進路選択の際に集中的にあらわれるのである。つまり女子学生にとって，学力成績によるトラックがあるうえに，「ジェンダー・トラック」による女性の選抜システムも存在しているといえる。
　「ジェンダー・トラック」について，まだ定まった定義はない。これは中西祐子によって提起された概念である。中西は，これを，「学校組織を構成

する女子教育観や生徒・学生の内面化する性役割観の差異に基づいて，学校間で形成されている『層』構造のことを意味するものであり，学力水準に基づくトラックと同様，それに基づいて生徒・学生の進路を分化させる構造である」[1]と定義している。つまり，学力に基づくトラックと並行して，女子学生の間にジェンダーのトラックも存在することを意味している。このような定義には，ジェンダーと学力，さらに男性と女性をあらかじめ分断して考察する姿勢がみられ，しかも学校文化の違いを前提としているので，一種の静態的な構造としての「ジェンダー・トラック」となっている。

　本稿では，中西とやや違う意味で，「ジェンダー・トラック」の概念を使いたい。ここでは学力に基づくトラックが存在することを前提に，ジェンダーの要因が学力トラックに与えたインパクトから生じる，生徒の進路分化の構造変容を指す。いいかえれば「ジェンダー・トラック」は学力に基づくトラックに対する「性差による作り変え」ともいえる。このような定義のしかたは，男女の違いとの関わりに注目するだけでなく，ジェンダーと学力の関係，つまり両者の合力が女子学生の進路に与える影響もみることによって，ジェンダー・トラックをたえず変化している動態的な構造として取り扱う特徴がある。

　「ジェンダー・トラック」研究に関しては，これまで主に，女子学生の進路選択の結果とその分化に導く原因を考察するという2つのアプローチがあった。1つは，女子学生がその特性によって，大学進学に女子大，短大あるいは限られた専門を選択するという「専門軌道」が存在していること。またもう1つは，社会や家庭，学校のなかでの「性役割規範」の社会化によって，女子学生の進学アスピレーションが冷却されるということである。この2つのアプローチは，それぞれ進路選択後の問題と，進路選択をする前の規定要因に焦点を当てるが，実際女子学生の進路選択の実態，すなわち選択に臨む時のいろいろな生活経験や観念については，あまり触れていない。

　先行研究に存在しているこのような問題に対して，本稿は，高校から大学までの，進路選択自体の過程についてみていきたいと思う。しかも，前述したように，ジェンダー・トラックを動態的な構造とみることによって，これを人生の歴史的な経緯（ライフコース）に沿って考えることにしたい。

2．調査の対象と方法

a．調査対象校の概要

　学校の選定にあたって，本調査では男女共学の進学校Ｉ高校を選んだ。共学校のなかでは，アカデミックな志向を重視する男子学生の存在を意識するため，女子学生がアカデミックな志向とジェンダーとの葛藤を一層強く感じとると考えられるからである。それゆえ，進路選択についてもかなりバリエーションに富んでいることが予測できる。とりわけ進学校においては，女子学生のこのような傾向が一層際立つと推測できる。

　調査対象校のＩ高校はＨ市の男女共学校で，比較的新しい学校である。学校ランクからいうと，地元のナンバー・スクールと呼ばれる男女別学伝統校の次に位置する。Ｇ県内の上位校として，中学生のなかではかなり人気を集めている。[2]

　Ｉ高校は県の進学促進校なので，在学生は大学へ行く意識が非常に強い。たとえば，ヒロコはいまＫ大[3]の国際文化の領域に在籍する2年生である。彼女はＩ高校に進学した時には大学へ行くつもりはなかった。結局大学まで進んだのは，進学校という学校文化が原因であるという。

　　　ヒロコ； 　学校自体は一応進学校だから，雰囲気がもう大学受験。この高校に入ったら，大学行くのがもう道として決まっているような感じで指導されるから，もう入ったら，就職という道は考えなかったです。

　この学校では，主にどのようなタイプの大学へ進むのかといえば，地元の私立大学が大部分を占める。とくに，Ｉ高校のすぐ近くにＪ大という私立4年制大学があり，そこに進学する学生は相当な数に上る。そのため，Ｉ高校は「Ｊ大予備校」とまで呼ばれるそうだ。つまりＩ高校の学生は高い進学意識をもっていながらも，上位の大学を目指すという意識はやや希薄という状況である。これもＩ高校がナンバー・スクールとの間に距離をおく理由のひとつであろう。

図表4-1　I高校卒業生進路状況変化　　　　　　　　　　（単位：％）

年度 (平成)	進学率＊		4年制大学 進学率		国公立大学		私立大学		短　大		浪人率		人　数	
	総計	女子	総計	女子	総計	女子	総計	女子	総計	女子	総計	女子	総計	女子
元年	66.8	73.1	52.4	46.1	7.6	6.2	44.8	39.9	14.4	26.9	24.7	13.0	368	193
2年	59.5	76.7	42.1	45.5	5.2	5.4	36.9	40.1	17.4	31.2	27.0	6.4	363	202
3年	67.9	82.0	45.4	42.3	6.9	4.4	38.5	37.9	22.5	39.8	22.5	9.2	364	206
4年	61.2	73.3	43.2	39.3	5.9	3.4	37.3	35.9	18.0	34.0	29.9	20.3	405	206
5年	70.1	85.0	51.4	52.0	8.7	7.0	42.7	45.0	18.7	33.0	22.8	6.5	368	200
6年	74.2	75.3	54.6	47.8	10.3	8.5	44.3	39.3	19.6	27.5	18.8	15.4	368	247
7年	64.3	71.9	52.1	53.0	10.7	9.9	41.4	43.1	12.2	18.9	25.7	16.2	401	253
8年	67.3	72.6	57.9	57.1	10.3	10.6	47.6	46.5	9.4	15.5	25.4	19.0	370	226
9年	68.7	74.9	61.5	63.6	15.5	14.7	46.0	48.9	7.2	11.3	26.0	18.2	361	231

『G県高等学校卒業進路状況』（平成1年〜平成9年），G県教育庁指導課により作成。
注：進学率（＊）は4年制大学と短大の卒業時の進学率を指している。専修学校と専門学校の進学率は含まれていない。

　I高校は進学校として，過去9年間で，大学・短大の進学率がほぼ65％前後という高い水準を維持している。ただ大学進学の内訳をみると，短大への進学が減少していく一方で，国公立大学への進学率が増加しつつある傾向がみられる。その傾向は女子の場合には一層顕著である。1995（平成7）年から，女子の短大進学率は急に前の年度より8.6ポイントも減って，それ以降はずっと減少の一途を辿っている。そして，国公立4年制大学へシフトしていく傾向がみられる（図表4-1）。さらに女子学生の浪人率は平成6年からしだいに上昇していく傾向がある。
　ここでは，特にI高校の進路の変化がもっとも激しい平成7年度から10年度までの4年間を抽出し，学生とくに女子学生の進路選択の状況を考察する。

b．研究の方法
　ここでの調査は資料分析とインタビュー調査の手法をとった。資料はI高校が提供してくれた平成7年度から平成10年度までの『進路の手引き』から整理したデータである。I高校の『進路の手引き』は，生徒各人の成績順に従って，最後の決定校のみでなく，生徒が受験した学校と専攻及びその合否，さらに推薦の利用状況などの情報も詳細に掲載している校内資料である。こ

の手引きを利用すると，各学生がいかなる方式で進路を選んだかについて，大体の印象を掴むことができる。

　また1998年7月末から8月初めにかけて，Ⅰ高校の女子卒業生（12名）に対してインタビュー調査を行った。インタビューは主にK大に在籍する元Ⅰ高校の女子卒業生（10名）について行われた。また，インタビューを受けた学生の紹介を通して，県内の私立大学に在籍する2名の元Ⅰ高校の女子学生にインタビューを行った。調査にある程度の偏りをもたらす可能性もあるが，対象とした卒業生は進路選択の全過程をすでに経験しているため，その間の意識変化などをより正確に掴むことができるメリットがあると考えられる。さらに，はっきりした進路選択の記憶を聞くため，インタビューの対象を大学1年生と2年生に限定することにした。内訳は1年生と2年生が各6名，合わせて12名である。理科系は7名，文科系は5名で，そのなかには推薦入学者も2名含まれている。

3．科目の選択及び進路決定とジェンダーの影響

　生徒がどんな大学へ進学するかは，基本的に学業成績で決まる。Ⅰ高校の場合も，男・女，文・理科系を問わず，いずれもその傾向がみられる。それゆえ，学力に基づくトラックによって学生が異なる進路を選ぶことが学生の進路分化の基本的形態である。まず，この点を確認していきたい。

a．専攻科目の選択

　進路選択には，進学する「学校」と「学科」の2つがあげられる。進学先の学校について，前述したようにⅠ高校の女子学生には短大への進学率の減少と国公立4年制大学への進学の増加という傾向がある。そして，進学先の学校のランクをみると，男・女学生の間にとくに大きな違いがない。それゆえ，ここでは主として選択した学科を中心に男・女学生，そして女子学生間の差異と特徴を検討する。

(1) 専攻科目の選択

　今日では，女子学生が入学できない専門学科は制度的には存在しない。し

かしその進学先からみると,「男子は理科系,女子は文科系」という著しい偏りが存在している。男子では社会科学,工学を中心に,女子では人文科学や教育,家政などが専攻の主流をなしている。たとえ女子学生が理科系に入っても,工学ではなく看護を中心とする医療関係に偏る[4]。

　I高校の場合にも,女子学生の進路選択にこのような偏りが依然として存在しているのか,それともすでに変化がみられるのだろうか。理科系と文科系それぞれのなかで,男女の専攻科目の選択状況についてみてみよう。

　まず,理科系で,男女学生が1番多く志望した学科は,両方とも工学である（図表4-2）。男子は,4年間で,7割から8割くらいの高い水準を保っている。人数も圧倒的に多い。

　これに対して,女子の志望学科のなかでみると,工学系が1番高いものの,2番目,3番目の志望学科である看護系と薬科・保健学科とも相当な比率を占める（図表4-3）。大部分の女子にとって,看護師と薬剤師は女性に向いている理想的な職業であろう。それゆえ,卒業後の進路も考えて,これらの職業につながる看護系や薬・保健学系の関連学科を選んだほうが,より現実的だという思惑があるのは理解しやすい。このことはインタビューを受けた学生の話からも容易に推測できる。

　　フミコ；　　（理科系の女子学生の）大半が,最初は看護。結局だめになって,諦める子もいますけど,ほとんどが看護を目指して,それ以外は珍しい,女子の中で……。

　このように,女子が薬・保健学系と看護系をことに多く選択することによって,男女の間で,工学系の志望率の大きな差が生じている。平成7年度から10年度にかけて,男子の工学系志望率はそれぞれ女子の3.4倍,3.1倍,2.1倍,1.7倍となっている。

　と同時に,この数字から,男女間の工学系志望率の開きが年々減少し,女子の工学系への志望が急速に増加する傾向も読み取れる。4年間では,17ポイントも増えている。しかし,この内訳をみると,伝統的な工学学科,つまり電子,機械,電機などの志望率は依然としてもとの水準を維持しているか,

第4章　選別のなかに潜む「ジェンダー」　69

図表4-2　I高校男子学生各学科志望率（理科系）　　　　（単位：％）

年度（平成）	工　学	伝統工学	デザイン	理・農	薬・保	その他
7年	84.9	72.0	3.2	2.2	1.1	11.8
8年	77.9	62.8	9.7	0.7	6.2	15.2
9年	78.5	44.6	17.4	6.6	0.0	14.9
10年	71.5	50.3	9.5	5.6	10.6	12.8

注：1．志望率：その学科の志望数／当年度総志望数（理科系）。
　　2．志望数：決定校の学科も含む該当学科の総志望数（以下図表4-3，4-4，4-5も同じ）。
　　3．工学を伝統工学，デザイン（工業意匠，情報デザインなど），建築及び情報（コンピューター）の4つに分けている。人数のことも考慮して，この表は工学全体とその中の伝統工学，デザインが全体に占める割合のみをとりあげている（以下図表4-3も同じ）。

図表4-3　I高校女子学生各専門志望率（理科系）　　　　（単位：％）

年度(平成)	工　学	伝統工学	デザイン	薬・保	看　護	教　員	家　政	理・農	その他
7年	25.0	19.8	0.0	14.0	22.7	10.5	5.8	12.8	9.3
8年	24.8	16.5	4.5	16.5	17.3	9.0	8.3	13.5	10.5
9年	37.8	11.4	20.4	15.4	19.9	6.5	10.4	4.5	4.5
10年	42.0	18.5	18.5	10.1	16.8	8.4	10.9	2.5	9.2

あるいは下降していく傾向もみられる。工学系志望率の増加分は，主にデザイン関係の部分で占められる。

　デザイン関係の志望率は平成7年が0％，8年が4.5％だったのに対し，平成9年になると急に20％まで上昇し，伝統的工学学科の志望比率を上回ってしまった。平成10年にも伝統工学学科と同様，志望数の18.5％の比率を示している。なぜデザイン関係への志望の増加がこれほど激しいかというと，その原因は主に以下の2つにあると考えられる。

　1つは，平成9年度にG県に新設された大学が，事業計画や情報デザインなどの新しい学科を設置したことである。この新しい学校と学科は，かなり多くの学生を引き付けている。もう1つの原因は恐らく女性の特性と関係がある。デザインなどのジャンルには，女性特有の繊細な感性が必要なので，女性がこの分野で自身の特徴をよりよく発揮できるかもしれない。そして，コンピュータを駆使するこの新しい職種は男女の職域区分がまだ確立していないため，参入した女性たちがその能力を活かす可能性をもっている。もっとも重要なのは，このような仕事は，特別の場所的な制限がないので，

在宅でも仕事ができるという利点があることだろう。これも恐らくデザイン関係の専門が，女子学生のなかで人気を博したことの一因であろうと思われる。

インタビューを受けた学生のなかで，ユウコはデザインを選んだ。彼女はいまH市内のある私立大学でデザインを専攻している。彼女がデザインを選んだのは，興味のほかに，将来結婚したあと，仕事と家庭の両立を順調に進めようという思惑があるからだそうだ。

> **ユウコ；** わたしの場合は，ものをつくることなんて，必ず組織に入って，会社とかに入って，やらなきゃいけないことじゃないので，家でもできることなので，将来結婚しても，ちゃんと仕事は続けると思います。

つまり，従来理科系の女子学生にとって，家庭生活との両立という点で卒業後の進路選択範囲がとても狭かったということも，女子学生の「理科系離れ」現象をもたらした原因の1つだと考えられる。

実際，いま多くの女子学生はかなり強い職業志向をもっている。しかし，同時に家庭志向も依然として根強い。女子学生のなかに，「根強い家庭志向」と「従来より長期化した職業生活への希望」が同時に混在していることも別の調査ではみとめられる。[5] できるかぎり自分の能力を発揮できる職業に就き，同時に家庭生活に気を配ることもできるなら一番望ましい。このことはとくに理科系志望によくみられる。情報デザインなどの新しい学科はちょうど女子の特殊な要請を満足させる。そのため，今後も女子がこの分野では増加するだろうと推測できる。

理科系では，女子の専門選択が徐々に変わってきたのに対して，文科系にはそのような変化があまりみられていない（図表4-4）。文科系の女子学生が志望した専門のなかで，一番高率なのは従来どおり文学，語学などの人文科学で，それに次ぐのは経済学と法学などの社会科学である。これまで，女子の主流であった家政や教育といった専攻分野の志望は合わせて1割から2割弱にすぎない。女性のビジネス志向の強まりが社会科学分野への進出の高まりをいくぶんかもたらしたのかもしれないが，明確な結果ではない。

図表4-4　I高校卒業生各学科志望率（文科系）　　（単位：%）

年度 (平成)	法・経 男	法・経 女	人文 男	人文 女	教員 男	教員 女	家政 女	その他 男	その他 女
7年	48.9	24.5	40.9	57.4	5.7	8.8	4.2	4.5	5.1
8年	47.1	19.1	45.7	43.6	5.7	13.3	10.2	1.4	13.8
9年	51.2	13.0	31.7	52.3	2.4	7.0	11.0	14.6	16.7
10年	46.0	22.7	32.7	47.4	5.3	5.0	10.0	15.9	15.0

(2) 志望学科の選択方式

　生徒が学科を選ぶ時，志望の組み合わせにパターンが生じる。個人の志望が明確な場合は，同じかまたはそれに近い学科を選択する傾向が強い。それと逆に，個人の目標が定まっていない場合は，志望学科の選択の幅を広くすると考えられる。さらに，将来が専門職志向やビジネス志向であれば，こういう職業に就く可能性の高い学科を中心に選択する可能性が大きい。したがって，志望学科の選択方式，選択集中の度合いが，それを志望する学生の職業に対する志向を反映しているともいえよう。

　図表4-5～図表4-7は，I高校の卒業生における志望学科の集中度を表わしたものである。ここで「志望集中度」というのは，ある専門のみを志望した学生が，この専門を志望した人のなかに占める比率である（大学の特定専門学科だけを受験した人の比率を示す）。表に選んだのは将来専門職に就く可能性の大きい学科である。理科系のなかでは，工学系以外に，女子学生に多く選択される看護系や薬・保健学系も選び取った。文科系の場合は，人数の関係も考慮して，ビジネス志向の強い法・経済学のみをとりあげた。

　まず，理科系をみると，工学系のなかに男女間の差がみられる（図表4-5）。工学系を志望した男子学生のなかで，7割以上を占める者が，工学のみを志望した。女子の場合はその比率が男子よりは少ない。同時にその比率は年々増加していく傾向もみられる。とくに平成10年には急に男子と同水準の75.0%まで上昇した。これは平成10年に，女子のなかでデザイン関係学科の志望が大幅に上昇したことによるものであろう。

　しかし，平成10年度を除けば，女子の比率は男子に比して，およそ20ポイント以上の格差がある。女子が男子と同じく工学系を志望しても，それを一心に目指している女子の数は男子よりは少ないといえる。工学系に行っても

図表4-5　工学系学科男女志望集中度

年度 (平成)	志望人数* 男	志望人数* 女	工学系のみ志望人数 男	工学系のみ志望人数 女	集中度（％）男	集中度（％）女
7年	29	28	24	11	82.8	39.3
8年	42	20	31	9	73.8	45.0
9年	36	32	26	15	72.2	46.9
10年	40	20	30	15	75.0	75.0

注：志望人数（*）はこの学科を志望した人の総数。この学科の他に，別の学科を志望してもよい。（以下図表4-6，図表4-7も同じ）

図表4-6　薬・保健学系，看護系学科志望集中度

年度 (平成)	薬・保健学系 志望人数	薬・保健系のみ志望人数	集中度（％）	看護系 志望人数	看護系のみ志望人数	集中度（％）
7年	10	7	70.0	16	11	68.8
8年	8	5	62.5	9	6	66.7
9年	9	6	66.7	17	10	58.8
10年	10	8	80.0	11	8	72.7

いいけど，ほかの道も歩みたいという気持があるのかもしれない。実際，工学系を志望した女子のなかに，工学と薬・保健学系や工学と教員養成系の組み合わせも多くみられる。

ところが，看護系や薬・保健学系を志望した女子のなかで，ほかの学科と組み合わせて志望した者は工学系より格段に少ない（図表4-6）。その学科だけ志望した学生数はいずれもその学科の全志望人数の6割〜8割はある。看護系と薬・保健学系の学科は将来の職業と関連性がかなり強い。これが看護系と薬・保健学系の高い志望集中度をもたらしたとみられる。

文科系のなかでは，法学・経済学系と教員養成系がおしなべて将来の職業志向と強く関係している学科である。教員養成系の人数が文科系のなかに占める比率はそれほど高くないので，ここでは法・経済学系のみを取り上げてみる。全体的にみると，法・経済学系を志望する集中度は理科系よりは低い（図表4-7）。ただし，男子の志望集中度は明らかに女子よりは高い。毎年度の数値には変化がみられるにもかかわらず，男子の志望集中度は女子の2倍以上あるという関係がずっと維持されている。実際，男子は法・経済学系

図表4-7　法・経済学系学科志望集中度

年度 (平成)	志望人数		法・経系のみ 志望人数		集中度①(%)		法・経系学科志 望+1他の学科		集中度②(%)		計(%)	
	男	女	男	女	男	女	男	女	男	女	男	女
7年	24	47	6	5	25.0	10.6	10	6	41.7	12.8	66.7	23.4
8年	17	59	4	6	23.5	10.2	5	5	29.4	8.5	52.9	18.6
9年	21	35	7	6	33.3	17.1	7	1	33.3	2.9	66.7	20.0
10年	23	49	6	4	26.1	8.2	8	4	34.8	8.2	60.9	16.3

のほかに，もう1つの学科と組み合わせて志望する人が多い（表中の集中度②）。もしその比率も計算に入れれば，男子の法・経済学系集中度は60%にもなる（表中の計）。これに対して，女子の法・経済学系学科の選択では，人文などの学科を中心に，さらに1校か2校の法・経済学系学科を選択するという方式が主である。そのため，法・経済学系ともう1校の学科の比率を加えても，その比率は2割くらいにすぎない。

したがって，I高校の女子学生のなかで，法・経済学系の志望の増加は確かであるにもかかわらず，これを将来の職業にしようと考え，志望も主にこの学科に絞るという比率は，男子学生よりまだ低いといえる。人文科学は依然として，女子学生の1番目の選択肢であるが，文科系の女子学生の職業志向は男子より相変わらずあいまいといえる。

(3) 文理系の女子間志望選択差

以上のデータを通して，女子学生の間にも，文科系と理科系によって，学科選択の方式に違いがあることがわかる。理科系の女子学生は志望学科が比較的集中するのに対して，文科系の女子学生は選択した学科が分散的で，特定しない傾向がある。このことは，恐らく文科系・理科系の特徴とも関係があるだろう。理科系は専門性が高いため，自分の目標を明確にしておかなければ，あとで変更するのはかなり困難である。それゆえ，いったん理科系を受けると決まったら，卒業後の職業については大体の方向がみえてくるともいえる。文科系の場合，とりわけ人文科学は，専門性が理科系より低いため，卒業後の進路選択の余地がかなり大きい。はっきりした目標がなくても，卒業後の進路にはそれほど制限が多くない。これは，つまり文科系の選択は卒業後の進路選択に一定の余裕期間，なかば「モラトリアム」を与えることと

もいえよう。そのため，文科系を選択した学生のなかに目標が特定しない人が多いと推測できる。

今回のインタビューでも，その傾向がみられる。7名の理科系の女子学生は高校1年の終わりと2年の始まりの時に，大学の志望学科をすでに決めた。また学科選択の理由はほとんど自分の興味や就きたい職業から出発したケースが多い。一方で文科系の5名の学生の場合は，3名が教師を目指しているため決定が早かったほかは，あとの2名はいずれも高校3年になって，ようやく大学の志望学科の決定に辿り着いたのである。なかでも興味深いのは，ヒロコの「文転」[6]の話である。

　　ヒロコ；　2年生になる時に，理系と文系に分かれるんですよ。友達がみんな文系に行ったんですけど，なんかその時は資格をとりたいと思って，あ，資格といえば，薬剤師かなあと思って，理科系に進んだんですよ。でも，すぐその夢はもう忘れて……。

薬剤師の夢を忘れてしまったヒロコは，続けて理科系に残る意味も失い，結局文科系に移ってしまった。I高校の言い方でいうと，「文転」をした。文科系に入ったヒロコは相変わらず，目標をもたずに高校3年の終わりを迎えた。最後卒業のぎりぎりで，ようやく今の専門に辿りついた。その理由について，ヒロコはこう話している。

　　ヒロコ；　受験英語がいいから。しゃべったりするのは全くできないけど，テストとかの英語だけは，なぜかできて，将来どうしようかと思って，行きたいというのがなかったから，まあ，英語がいいかなあ，と思って……。
　　筆者；　行きたいというのがなかった……。
　　ヒロコ；　この道に進みたいとか，こういう勉強をしたいとか，将来なにに生きたいとか，全然なくて，行ったら見つかると思って……。

「行ったら見つかる」と思うヒロコは今になっても，自分の将来に対して，

依然としてあいまいな感じである。インタビューを受けた他の学生の話によると，ヒロコのように明確な目標をもたずに大学に進学した女子学生は，決して少なくないそうだ。

専門の不確定性によって，文科系のなかには，そのような学生が多いと想像できる。実際図表4-7の数字もその傾向を示している。

以上のように学校と学科の選択において，I高校の男女学生の差が縮まりつつあるとはいえ，男女差は依然として存在している。これは恐らく男女学生の異なる進学意識によるものであろう。また，文科系・理科系の女子学生の間にも進路選択の状況に大きな違いがあることもわかった。

そこで次に，女子学生の進学に対する意識，とくに浪人生活についての考えや地元志向をめぐって考察してみたい。さらに浪人を避けるために多用されるといわれる推薦入学についての状況もみていこうと思う。女子学生の進路選択方法の特異性は，このような側面にあらわれやすいからだ。

b．浪人の状況

I高校で，女子学生の浪人率は平成6年以来，確かに大きな上昇傾向がみられる。にもかかわらず，男子学生よりはかなり少ない（図表4-8）。平成6年度から増加しつつありながらも，男子と比べてその半分くらいに留まっている。これは女子学生の「浪人忌避」の規範によるものだと指摘されている。つまり，女子学生は進学の際にできる限り現役で大学に入学し，浪人を避けようとする傾向がある。

ところが，文科系・理科系に分けてみると，違う傾向がみとめられる（図表4-9）。まず，理科系を見ると，男女の差がさほど大きくない。平成7年と8年には女子の浪人率が男子のそれを上回ったことさえある。ところが，文科系になると，男子学生の浪人率は明らかに女子より高い。また，文科系の女子学生のなかで浪人する学生は下位に集中し，上位の学生はあまり浪人しない傾向がある。それに対して，理科系の女子学生は成績順位とは関係なく，いずれも高い浪人率を示している（平成10年には，上位の女子学生に浪人する人がいないため，その関係がみられない）。この原因は恐らく理科系の専門志向の強さという特徴によるものだろう。

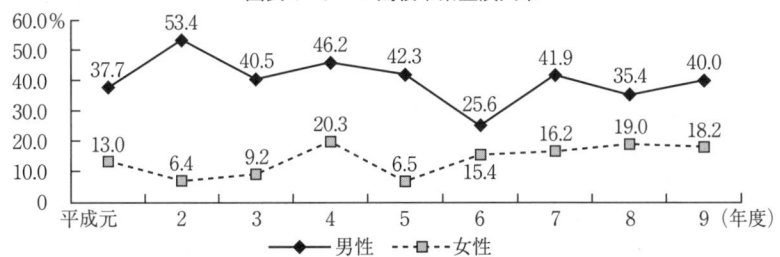

図表4-8　I高校卒業生浪人率

男性: 平成元 37.7, 2年 53.4, 3年 40.5, 4年 46.2, 5年 42.3, 6年 25.6, 7年 41.9, 8年 35.4, 9年 40.0
女性: 平成元 13.0, 2年 6.4, 3年 9.2, 4年 20.3, 5年 6.5, 6年 15.4, 7年 16.2, 8年 19.0, 9年 18.2

図表4-9　I高校卒業生浪人率

年度(平成)	成績順位	理科系 男 人数	理科系 男 浪人率	理科系 女 人数	理科系 女 浪人率	文科系 男 人数	文科系 男 浪人率	文科系 女 人数	文科系 女 浪人率
7年	上位	10	33.3	24	28.6	11	27.3	40	12.5
	中位	12	0.0	21	28.6	11	27.3	40	22.5
	下位	14	41.7	18	28.6	10	50.0	39	25.6
	計	36	25.0	63	28.6	32	34.4	119	20.2
8年	上位	9	11.1	24	29.2	6	0.0	43	9.1
	中位	16	25.0	17	41.2	5	16.7	46	9.1
	下位	24	29.2	10	60.0	8	28.6	42	14.0
	計	49	24.5	51	39.2	19	15.8	131	10.7
9年	上位	9	22.2	24	20.8	9	30.0	40	10.0
	中位	12	33.3	21	9.5	11	30.0	43	16.3
	下位	19	21.1	15	26.7	10	30.0	38	28.9
	計	40	25.0	60	18.3	30	30.0	121	18.2
10年	上位	16	5.6	18	0.0	12	15.4	38	5.6
	中位	18	33.3	16	6.3	15	7.7	36	2.8
	下位	17	35.3	13	33.3	13	28.6	35	13.5
	計	51	24.5	47	12.8	40	17.5	109	7.3

　全体的にいうと，平成6年から，女子学生の浪人率は急に高くなった。これは何に起因するのだろうか。女子学生の従来の「浪人忌避」規範の変化によるものなのだろうか。もちろん，これは手元の資料に頼るだけでは証明できない。それゆえ，ここでは，インタビューを受けた12名の女子学生の，浪人に関しての意識を通して，現在の女子学生の「浪人規範」を推測することしかできない。

第4章　選別のなかに潜む「ジェンダー」　77

12名の女子学生のうち「浪人してもいいと思う」と「浪人したくないと思う」人はちょうど半々である。まず，「浪人してもいいと思う」女子学生によれば，自分の志望する大学にどうしても行きたい気持があるのは4名だけ。あとの2名（マキコ，ヒロコ）は次のように述べる。

　マキコは志望校を現在の在籍するK大ただ1つだけ選択した。これは，ほかの学生が滑り止めとして，私立大や短大なども志望することに比べ極めて稀ともいえる。もちろん，これはマキコに実力と自信があるためだといえる一方，やはり相当なリスクを抱えている。このことに対して，マキコは次のように当時の考えを説明している。

　　マキコ；　落ちたら，その時働いて，ほかの学校かも。その時，1年働いたら，1年がんばったら，ほかに希望が出てくるかも知れなかったけど。親元にはたぶん住ましてくださいと，働きに出たかもしれない。

　マキコにとって，大学へ行くことは人生の唯一の道ではなくて，ほかにも意義のあることがたくさんある。したがって，万が一大学に落ちたとしても，就職してみて，そこでも人生の目標を追求することができるという。受験に対してとても淡泊な態度をとっている。

　また，ヒロコの「浪人してもいいと思う」という理由は，マキコと似たところがある。それは，やはり目標を探したいというところである。彼女は受験英語の成績がよいというだけの理由で，今の大学の「国際文化」の分野に入ったそうだ。目標がないため，ヒロコはいまの生活にかなり不満と空虚を感じていると言った。浪人することに対しての見方を尋ねれば，ヒロコはこのように語っていた。

　　ヒロコ；　……浪人してたほうがよかったなあ，と今はちょっと思います。高校の時は本当に何も考えなかったから，浪人してる1年間で，自分の考えで大学を選べたらよかったなあと思うから……。
　　筆者；　でも，浪人することはすごく精神的プレッシャーを受けるんでしょう。これに対してはなにか心構えとか……。

ヒロコ；　わたしの友達で浪人してた友達で，けっこう浪人生活を楽しんでたというか，そんなにずーっと，がーーと毎日毎日何十時間勉強とかという人がいなかったから，そんなに暗いイメージがなかったから，浪人するかもしれないと。

　ヒロコにとって「浪人する」ことは，これからの進路を真剣に考慮する余裕を得られることである。もし，浪人すれば，恐らく当初高校卒業時のように，ただまわりの流れにのって大学に入ってはいなかったかもしれない。そして，彼女の浪人生活に対するイメージもこれまでよくいわれる話とだいぶ違っている。暗い，抑圧した印象ではなく，非常に明るい，前向きな感じである。浪人生活のイメージの転換は，女子学生が従来の「浪人規範」から脱脚する兆しを示すものかもしれない。

　今回のインタビューを通して，マキコとヒロコはただ大学にさえ行けばいいという考えをもっているのではない。マキコが積極的な姿勢をとっているのに対して，ヒロコは流れのままの生活に悩んでいながら，消極的だが，心のなかでずっと人生の目標を探している。このことは紛れもない事実である。2人には自分らしい生活が送りたいという気持がとても強い。彼女たちにとっては，それを実現するために浪人するのは一向にかまわない。このような考えをもつ女子学生がほかに多いかどうかは，今回の調査だけでは判断できない。ただいえるのは，現代の女子学生は単に進学だけできればいいというのではなく，大学へ行く意義，将来の設計に対しても真剣に考えるようになってきているということである。従来のように，浪人することに対して強い抵抗感をもたないのである。このことが，恐らく女子学生の浪人率増加の一因でもあろう。

　そういいながらも，「浪人したくないと思う」女子学生はまだ多い。この考えを示した6名の女子学生にその理由を尋ねた。「精神的なプレッシャーが大きい」ということのほかに，友人関係や青春の時間の重視などのような女性的な特徴を帯びる理由も含まれていた。

　レイコ；　1年間で，ずっと今までみたいに勉強することに自信がなか

ったし，あまり。クラスの子とすごく仲がよくて，みんなで勉強したりするのはとてもよかったので。そうじゃないのに，受験勉強がとてもできないと思って……。

エミ； 長い目でみれば，浪人の1年は無駄ではないかもしれない，過ごし方によっては。でもやっぱりその1年はわたしはけっこう貴重なものだと思えたので，やっぱり1年勉強だけに費やすのは，どうなんだろうと考えて……。

　浪人を避けるために，彼女らはいろいろな手段を講じていた。推薦入学の利用は，その主な手段の1つである。

c．推薦入学の利用

　I高校では，推薦を志望した学生は，全体的にみると4年間で，20％前後の比率を維持している（図表4-10）。実際，推薦で合格した学生の数は全部の学生数の15％前後を保っている。このことは学生全員の2割くらいは推薦を志望したことがあり，さらに全部の卒業生のなかで15％近くの生徒が一般入試を経ずに大学へ進学したことを示している。男女学生間で，平成7，8年度には推薦の志望率に開きがみられるが，9，10年度にはその差が縮まる傾向がある。推薦は浪人を避けるために，女子学生が多く使うばかりではなく，男子学生にも利用され始めているといえよう。

　また，文科系と理科系をわけてみると，明らかに理科系の志望率が高い。このことは理科系の学生がとくに浪人を避けたいから推薦を志望したわけではなく，実際，推薦制度に関しては文科系・理科系の間に異なるところがあるためだ。I高校では，ある薬科大への推薦に定員制限はない。そのため，その大学への志望者はかなり多い。平成10年のみをとりあげてみると，理科系24名の推薦志望者のなかで，その薬科大を志望したのは8名もいる。ほかの大学への推薦は，多いものでも，せいぜい2，3名程度である。それゆえ，このような制度上の違いは，文科系と理科系の間に，推薦利用の格差をもたらした。

　さらに，男女別に文科系・理科系内部の推薦利用状況をみると，両者の間

図表4-10　I高校卒業生推薦制度利用状況

年度(平成)	理科系 合格率(%) 男	女	志望率(%) 男	女	文科系 合格率(%) 男	女	志望率(%) 男	女	合格率(%) 男	女	志望率(%) 男	女	計 合格率	志望率
7年	16.7	14.3	22.2	33.3	6.3	11.8	6.3	18.5	11.8	12.6	14.7	23.7	15.1	21.3
8年	18.4	29.4	20.4	21.2	0.0	11.5	0.0	19.1	13.2	14.3	14.7	20.1	15.1	20.8
9年	12.5	18.3	20.0	20.0	3.3	12.4	10.0	15.7	8.6	14.4	15.7	17.1	12.8	16.8
10年	9.4	25.5	20.8	25.5	12.5	13.8	12.5	22.9	10.8	16.7	17.2	22.4	14.4	20.0

注：合格率とは，推薦入学で大学に入った人数が全部の受験生のなかに占める比率である。
　　志望率とは，推薦で合格した学生も含む全部の推薦志望者が受験生のなかに占める比率である。

に顕著な差がみられる。理科系では平成7年の時点で，男女学生の間に志望率で11.1ポイントの開きがあるが，全体的にみれば差がそれほど大きくない。ところが，文科系の場合になると，男女の開きが極めて大きい。文科系の女子は男子より，推薦の利用がはるかに多い。この現象は，従来の女子学生が浪人を避けるために，推薦を多用するという解釈だけでは，もはや現実の状況を説明しきれないと考えられる。なぜ，文科系のなかに男女の差が現れたのか。これは恐らく，文科系の女子学生が比較的保守的な傾向を持つことに起因するものだ，という解釈もできる。

　実際，I高校の卒業生の推薦利用状況には，文科・理科系間で推薦先の学校と専門に違いが存在している。平成10年の状況を例とすると，文科系のなかで女子学生が志望した23校の推薦校のうち，9校が女子大学・短大あるいは家政と保育などのような男子が受けにくい学校と専門である。そのような推薦校と専門の存在が，ある程度男子の推薦の分を減らしたともいえる。それに対して，理科系においては，女子のみ利用できる推薦校がはるかに少ない。仮に文科系で，女性専用の学校とか専門などの制度的存在がなければ，推薦においての男女間の差は縮まるのではないかと考えられる。

　したがって，女子学生が推薦を多く利用することを一概に「浪人を避けたい」ためだと解釈すれば，現状の説明はできない。推薦の利用については，意識の問題以外に，推薦学校と専門の性質，及び定員制限などのような制度上の客観的原因が影響を及ぼしているのである。

　しかも，推薦を利用する理由について，「受験機会が増える」ことをあげ

る学生は多い。

　今回インタビューを受けた学生のなかで，推薦で入学した2人は学年で20位と21位の順位をとっていて，もともと推薦を利用しなくても今の大学に合格できる学力をもっている。推薦を利用した理由を尋ねると，2人の答えには似通っているところがかなりあった。

　　チエ；　高校2年の時，今の大学を決めた時に，『進路の手引き』とかをみて，推薦で受かった先輩がいて，ああ行けたら，推薦で行きたいかなあと思ってますけど，行けたらという感じで，そんな強い希望ではなかった。ただ行けたら……。
　　エミ；　推薦を受けることは，その大学を受けるチャンスが1回増えるということじゃないですか。だめだったら，一般入試も受けれるし。ということはチャンスが1回増えるし……。

　2人はともに推薦を受験のチャンスが増えると受け止めている。チエのクラスでは，40名のなかで10名以上も推薦の志望を出したが，普通のクラスでも，5，6名くらいはいるといわれる。と同時に，教師も「チャンスが1つ多いんだから，いけ」という姿勢で，学生に推薦を勧めるようだ。ただし，推薦を利用する人のなかに，大学に入学できればいいという思惑のみに左右され，結局個人の志望校を格下げして受ける卒業生もかなりいるそうだ。

　　チエ；　同じクラスの子に，J大，指定校推薦で受かった子がいたんですけど，その子はやっぱりうちの大学レベル，もしくはこれ以上受かる力があったんで，成績なんかわたしなんかより上だったと思うんですけど……やっぱり地元だし，J大くらいだったら，いいかなあというのがあるんじゃないかなあ……。

　現在の日本の高校では，推薦はすでに大学入試の重要な方法の1つともなっている。これを利用する学生のなかには，1回多く大学を受けたらよいと考えている人がいるかもしれない。そのため，近年I高校が推薦の利用に関

して非常に慎重だ，と進路指導の担当教員は説明していた。また，学生たちの話を聞いても，教師たちが女の子だからとくに勧めたというイメージはないそうだ。にもかかわらず，大学さえ受かったらよいと思い，格下げして自分の学力以下の推薦校に入る学生もいることは避けられない。現実に，浪人するリスクを回避して，確実に大学に入れる策略の1つとして「推薦」を使っている学生の人数はかなりの数にのぼるといえよう。

d．地元志向

女子学生は大学選択の時に，できる限り現役で入るという「浪人忌避」意識があると指摘した。同時に，男子学生と対照的なのは，進路選択時の「地元志向」が強いということである。天野郁夫らは，80年代初めに，各県の資料をもとに行われた高校生進路分化構造の研究のなかで，女子高校生の進路について，「移動弾力性が低く，大学への進学率・志願率が地理的位置の影響を受けている」ということを明らかにした。[7]

I高校の状況もまさにそうである。大部分の女子学生にとってはやはり地元の大学が1番の選択である。図表4-11は平成10年度のI高校卒業生の進学先の地域分布を表すものである。全体からみると，県外の学校へ行く生徒の比率について，男子が36.3％で，女子の16.9％の2倍強もある。しかも，実際県外の大学を志望した比率は男子のほうが，女子の2倍にも達している。この傾向は文科系と理科系の両方にみられる。

インタビューを受けた12名の女子学生でも，県外の大学を志望したのは，2名にすぎず，あとの10名は志望校を全部G県内にしたのである。その理由を尋ねると，主に以下のものがあげられた。

図表4-11　県外決定校と志望校比率　　　　　　　（単位：％）

	理科系		文科系		計	
	決定校	志望校	決定校	志望校	決定校	志望校
男	47.5	41.1	25.0	38.8	36.3	40.2
女	19.5	26.5	15.8	14.7	16.9	17.6

注：志望校とは決定校も含む志望した県外学校数。
決定校＝県外決定校数／決定校総数。志望校＝志望校数／志望校総数。

(1) 親の意志

　マキコ；　わたし，G県を出たかったですね。県外に行きたいけど，経済的理由もあるし，親も一応女の子なので，そういう面で心配しているみたいです。家を出ることもだめですね。同じH市でも，させてくれない，なかなか……。
　エミ；　やっぱり娘の場合，東京とか，どっかに1人暮らしをさせるのはいや，親の心理からいえば，いやらしい。あと，わたしの場合，下に弟がいるので，やっぱり姉が例えば東京の私立に入ったとした場合，経済的理由とか，弟も東京の私立とか行かれるのは，親は困るんじゃないか，2人とも。やっぱり県内，できれば国立……1人暮らしするなら，この地方，近くでなければだめ，やっぱ……。

　つまり，彼女らの親は娘の1人暮らしに対しての不安や，経済的理由などで，自分の娘は県内にいてほしい。しかし男子に対しては，そのような制限はあまりみられないという。

　チエ；　親は弟は遠くに行くみたいなことは言っていますね。1人で暮らすって。男の子だから，家を出るって。

(2) 自己決定

　県内に残るのは親の希望の力が強いことが大きな原因である。と同時に，彼女ら自身も同じような意識をもっている。親が「県内にしなさい」と強く要求したからといって，やむをえず県外へ行くことをやめたのは，今回の調査で，ただマキコ1人だけだ。あとの女子学生は県内に残ることに対して非常に納得している感じである。そのなかには親の立場に立って，いろいろと考えた子もいて，先のエミもその1人である。彼女は親の考えに対して，さまざまな解釈をあげた。そして，同じく大学の選択に臨む高校3年生の弟に対しては，県外に出てほしいという。

　エミ；　あたしも，弟には好きなところに行ってほしい。別に地元にいなくてもいいし……。

筆者；　どうして弟に対してはこういう要望があるんですか。自分は地元に残りたいけど。
　エミ；　自分がもう収まったから。あと，男だし，親的に心配も少ないだろうし，じゃあ，好きなところへ行けば……という……。

　彼女らは，親のためにいろいろと考え，また一応「女の子」だからという意識もあって，自分の夢をある程度犠牲にしてもやむをえないことだと考える。

(3)　県内の専門学科

　レイコ；　県内にちょうど行きたい学校があるので，とくに迷わずに地元を選んだのです。

　つまり，一応要求が全部満足できたので，わざわざ県外に行く必要はないという考えである。男子の場合はこの点に対して，どう考えるのかは今回インタビューを行わなかったので，正確な結論が出せないが，恐らく同じ専門が県内にあっても，外に出てみたいという気持ちをもつ人も多いのではないかと推測できる。

(4)　地元への愛着

　エミ；　わたしH市がすごく好きですよ。H市の場合は，ちょうどいい場所，都会すぎず，田舎すぎず，住みやすいから。とても場所を離れる人が少ない。H市にずっと住んでいきたいとか。ここでいいという場所だから。H市くらいはちょうどいいし，やっぱり地元が1番。
　フミコ；　ずっと生まれてからH市に住んでいるけど，きらいじゃないですよ，ここH市が。どっちかというと，好きなんで。だから，もしほかの大学で4年間勉強しても，先生になる時にはH市に戻りたいですよ。だから，先生になるための勉強ができる大学で，もしG県内の大学に残れるんだったら，残りたかったんですよ。

エミとフミコの地元の生活が好きだから，県外に出たくないという。この気持は，ほかの女子学生のなかにもみられる。これは，女子学生が生活をエンジョイしたいと考える志向と関係があるのかもしれない。この点は，以下にあげる友人関係の重視とも関連しているといえよう。

(5) 友人関係

ヒロコ； わたし，友達と離れたくなくて，友達と別々になるのはいやですよ。……（中略）……1人1人の道は分けるのは別にいいんですけど，傷ついた時，まわりに友達がいないという感じはちょっと寂しくて耐えられないから……。

以上のように，インタヴューを行なった女子学生が県内に残った第1の理由には，親の影響があげられよう。しかも，彼女らはこれを当たり前だと考える。さらに生活環境や，友人関係へのこだわりなども学校の地域選択に一役買っている。

女子学生に地元志向が強くみとめられるのは，「女の子だから」という性役割規範に基づくまわりからの要求とその内面化の結果ともいえる。「女だから，遠くへ行かなくてもいい」，「男なので，外へ出るべき」。このような伝統的な性役割規範は，今日になっても相変わらず人々のなかに根強く残っている。そして，女子学生が学校選択に直面した時，業績的な要因のほかに，これまでみた彼女らの強い仲間志向やライフスタイルが重視されるのも，女の子らしさの役割期待を内面化した結果といえよう。女子の地元志向はこれらによっていっそう強化されていたのである。

4．まとめ

以上，I高校をフィールドとして，女子学生の進路について，進路選択の意識とその進路選択の結果を実証的に検討してきた。今回のアプローチのしかたは，従来学生の進路選択の研究において，結果からその原因を追究するという研究と異なり，結果と原因を結び付ける進路選択の過程に着目した点

に特徴があるといえる。

　I高校の調査を通して，女子学生のなかに伝統的な性役割規範の揺らぎが確実にとらえられた。女子学生は，高卒時に，伝統的な専門，学科にしばられることなく，進路選択の幅がかなり広くなっていた。理科系においては，工学・理学とりわけデザインへの進出が多くなり，文科系においては，社会科学への進出も目立つ。そして，従来，女子学生が大学入試の際，できる限り浪人をせずに現役で大学に入学する傾向も徐々に変化をみせている。

　ところが，このように変化を遂げている一方で，伝統的性役割規範に適応しようとする意識も垣間見えた。このような2つの思いが女子学生のなかに複雑に交じり合っている。このことは，とくに専攻科目を選ぶ時によく表れる。

　近年では，経済・法律などの社会科学や工学など，女子学生が少数派である分野に進出しつつあるが，その際の「志望集中度」は依然として弱いもののようだ。もちろん，理科系の看護や，薬・保健学系，及び新興のデザイン系への志望率は非常に高く，それを志望する女子学生の決意はかなり強いといえよう。ただし，これらの専門を選んだのは，資格取得を目的にすることが多く，将来家庭と職業とを両立できる仕事を目指しているからでもあるようだ。

　つまり，多くの女子学生が専門を選択する時点で，すでに将来の職業と生活の関係を深く考えている。大多数の女子にとって，職業選択の際，個人的な能力や興味，社会的需要を考える前に，女性に適切な職業であるかどうかが重要になっているからである。女子学生が職業と女性としての生活とをいかに関係づけるかによって，選択した専門及びその選択方式に違いが出てくると思われる。いいかえれば，女子学生の志望選択においては，社会から求められる女らしさと自分らしさを重ね合わせることを余儀なくされているといえよう。

　このような葛藤に出会った時，女子学生がいかに女性としての自己を受け入れるかによって，専攻科目の選択における分化が起きる。それゆえ，理科系のなかでの薬・保健学系や看護系などへの高い志望集中度は，女子学生の職業志向が強くなり，従来の性役割規範の束縛から解放されているとだけみてはいけないだろう。この強い職業志向の裏には，伝統的に男性が中心とな

っている職場へ進出することに対しての不安や，将来の結婚・家庭生活への配慮などが潜んでいる。いわゆる伝統的な性役割分業観が依然として存在しているのである。

そのため，女子学生が進路選択にあたって，「男の子と勝負したい」という気負いをもっていると同時に，伝統的性役割観に適応しようとする姿勢もみられる。この2つの思いが複雑に入り交じっていることは，インタビュー時によく感じられた。

以上みてきたように，女子学生の進路選択は，業績的要因や性役割の要因など，いくつかの要素が混在して，男子の進路選択より複雑な状況を呈している。

とりわけ，興味深いのは，今回の調査で女子学生の間に，文科系と理科系の分化がみられたことである。これはカリキュラム・トラックがジェンダー・トラックの効果を低減した結果であろうか。つまり従来の研究が，女子を一枚岩に取り扱うことによって，女子学生が男子学生と違う進路を選択するという説や，女子間の分化を学業成績によって説明する説を支持してきたのとは異なって，ジェンダーとカリキュラムとの相互効果という別な原因があるのではないかと思われた。

加えて，男女間の異なる進路の存在が一概に性役割規範のためといいきれないことも今回の調査でわかった。これは理科系のなかで，男女学生の差がそれほど大きくないことからもわかる。とくに推薦入学の利用については，その制度自身の特徴と関係があることも考慮すべきであろう。

要するに女子学生の進路選択は，学力水準やジェンダー要因などというように，簡単に一言では括りきれない。各要因が複雑に絡んでいて，女子学生の特有な進路選択方法を形成している。今後女子学生の意識変化に伴って，各要因間の力関係も変わっていき，女子学生の進路選択方式にも新しい状況が生まれるのであろう。「ジェンダー・トラック」のこれからを，改めて動態的に分析する必要がある。

注
1) 中西祐子 1998『ジェンダー・トラック』東洋館出版社，12頁。

2) 共立通信編 1997『G県高等学校名鑑　平成9年度版』。
3) K大は，G県に所在する教員養成を中心とする国立大学である。学校のランクからいうと，県内においては，学力の高い学生，特に女子学生が集中する大学である。
4) 井上輝子・江原由美子編 1995『女性のデータブック』（第2版）有斐閣，138頁。
5) 日本リクルートセンター編 1983『女子学生の就職動機調査』。
6) 「文転」とは理科系から文科系に移ることである。I高校の場合は文転が可能であるが，普通，文科系から理科系に移ることはできない。その原因は主に高校2年の教科選択と関係がある。高校2年の時に，理科系では2教科をとっている。つまり，化学と生物あるいは化学と物理のどちらかを選ぶという教科の選択方式。それに対して，文科系では化学が必修とされていないので，高校2年の時に文科系を選んだ学生がもし理科系に転換したかったら，自分でどうにかしなければならない。こういう時には予備校に通う，いわゆるダブル・スクールの方法をとるのが普通である。そのため，文科系から理科系に移ることは相当なリスクを負うといえ，進路の決められない生徒に対しては，「理科系にいけ」と指導する教師が多いという。
7) 天野郁夫・河上帰志子・吉本圭一・吉田　文・橋本健二 1983「進路分化の規定要因とその変動」『東京大学教育学部紀要』第23巻。

参考文献

天野正子 1986『女子高等教育の座標』垣内出版
天野正子 1988「『性と教育』研究の現代的課題」『社会学評論』155号，266-283頁
今田幸子 1990「地位達成過程―閉ざされた階層空間」岡本英雄・直井道子編『現代日本の階層構造④　女性と社会階層』東京大学出版会，39-62頁
岩井八郎 1990「女性のライフコースと学歴」菊池城司編『現代日本の階層構造③　教育と社会移動』東京大学出版会，155-184頁
山田昌弘・天木志保美・安川　一・伊藤るり 1989『ジェンダーの社会学』新曜社
苅谷剛彦 1983「学校格差と生徒の進路形成」岩木秀夫・耳塚寛明編『現代のエスプリNo.195・高校生』至文堂，69-73頁
木村邦博 1996「女性にとっての学歴の意味―教育・職業と性別役割意識」鈴木昭逸・海野道郎・片瀬一男編『教育と社会に対する高校生の意識―第3次調査報告書』東北大学教育文化研究会，121-138頁
中山慶子 1985「女性の職業アスピレーション―その背景，構成要素，ライフコースとの関連」日本教育社会学会編『教育社会学研究』第40集，東洋館出版社，65-86頁
原　純輔・肥和野佳子 1990「性別役割意識と主婦の地位評価」岡本英雄・直井道子編『現代日本の階層構造④　女性と社会階層』東京大学出版会，165-186頁
藤田英典 1980「進路選択のメカニズム」山村　健・天野郁夫編『青年期の進路選択』有斐閣，105-129頁

サドカー，M. ＆サドカー，D. 川合あさ子訳 1996『「女の子」は学校でつくられる』時事通信社（Sadker, M. & D., 1994 Failing at Fairness:How Our Schools Cheat Girls. Simon & Schuster.）

真鍋倫子 1997「女性の職業達成と教育達成」日本教育社会学会編『教育社会学研究』第60集，東洋館出版社，83-98頁

宮崎あゆみ 1991「学校における『性役割の社会化』再考」日本教育社会学会編『教育社会学研究』第48集，東洋館出版社，105-123頁

宮崎あゆみ 1992「女子高におけるジェンダー・サブカルチャー──女性性への適応と反抗の過程」『東京大学教育学部紀要』第32巻

吉原恵子 1995「女子大学生における職業選択のメカニズム」日本教育社会学会編『教育社会学研究』第57集，東洋館出版社，107-124頁

吉原恵子 1998「異なる競争を生み出す入試システム──高校から大学への接続にみるジェンダー分化」日本教育社会学会編『教育社会学研究』第62集，東洋館出版社，43-66頁

ローレン，T. 友田泰正訳 1983/1988『日本の高校』サイマル出版会

COLUMN Number 4

外国人留学生としての調査の難しさと可能性

　「フィールドワーク」や「エスノグラフィー」などの言葉を初めて耳にしたのは大学院に入った時のことである。大学時代，ずっと日本語語学を勉強してきた私にとって，社会学はまるで得体も知れない奥深い学問のようであった。ましてフィールドワークなどのような時間も心身も労する研究方法に対しては，わずか2年間の短い大学院生活ではとても使い道がないという先入観があった。

　ところが，思いも寄らず私は結局フィールドワークを1回体験した。しかも外国の日本でのことである。私が在籍した北京日本学研究センターは日本外務省と中国教育部（日本の文部科学省にあたる）が共同で設立した日本学の研究と教育機関であり，そこに入学した学生は在学中半年間日本へ行って，卒論の資料収集と作成のチャンスが与えられる。私は1998年，古賀正義先生の指導のもとで，半年間の留学生活を体験した。時間がかなり限られていたので，行った調査は厳密にいうとフィールドワークとは言い難いかもしれないが，以下主に外国人，しかもフィールドワークの初心者として，調査中感じたことを紹介してみたい。

　フィールドワークの方法を体系化したマリノフスキーが，フィールドワークの必須条件とは長期間現地で暮らすことだと指摘した。そして研究を客観的に行うために，現地の言語を習得し，現地の人々との間の信頼関係をつくることが大事だと述べている。要するに，完全に現地に溶け込むためには外国人という身分をできるだけ目立たせないようにすることであるという。しかし，マリノフスキーのように未開社会についての調査がフィールドワークの主流をなすという時代と違って，もはやフィールドワークの対象をさまざまな社会にまで広げることになった今日，外国人という身分は時には有利な条件ともなる。

　たとえば，今回の調査は資料分析とインタビューによって行われた。用いた資料は具体的な進路の情報が多く，貴重なものだった。ご担当の先生方は，こちらの立場を察していろいろと配慮して下さった。いまでも感謝の気持ちでいっぱいである。

　同じことはインタビューの時にも感じた。日本へ行くまえに，日本人論の本をたくさん読んだ。当時は印象として，外国人が日本人集団に入るのはかなり難しいと思った。だから調査をしても本当の考えを話してくれるかどうか，とても自信がなかった。

　実際インタビューを始めてみると，最初の心配はすぐ一掃された。大部分の学

生が快くこちらの質問に答えてくれ，一部の学生の率直さは本当に予想を上回るものだった。彼女らは自分の進路選択の時の迷いや想い，さらに今になってからの評価など，何のためらいもなく生き生きと話してくれた。もちろん，個人の性格の関係で，緊張しすぎて，言ったことが表面的なものにとどまるケースもある。私もこれを意識して，調査中たえず修正を重ねていた。そのなかで，外国人としての身分を意識してフルに活用することを学んだ。中国のことも交じえながら相手の状況を聞くと，インタビューを受けた学生もだんだん興味が涌いて，場合によってはこちらに質問してきたこともある。お互いの年ごろも近いので，とても話しやすい面があり，会話が進むにつれて，何の構えもなく相手が次第に思い入れや考えのありったけを私に告げたこともしばしばあった。また，外国人であるため，日本の習慣や考え方へのこだわりが比較的少なく，普通の日本人と異なる角度から問題を観察できるなどの利点もあった。

　いうまでもなく，外国人として，不利なところがあることも避けられない。私がとくに感じたのは，現地に滞在する時間の制約で，状況を十分に把握することが困難であったことだ。そのため，質問の設計は実情にそぐわないところも多くあった。これは調査のなかで自覚してすぐ調整もしたが，質問がずばりと急所を突くことができず，聞きたいものに達するまでかなりの紆余曲折もあった。だから，いま痛感しているのは，調査まえの十分な準備の重要性である。

　調査中予想できなかった発言もしばしばあった。そういう時，対応のしかたによっては，調査の質にも影響を及ぼすこともある。私の感じたところでは，まず調査の目的を明確にしなければならない。つまり，何が聞きたいか，相手の話を聞いているときも，常に意識し，相手の話に流されないように注意すること。調査の目的をただ自分の予想した論点の検証にするだけでは，人為的主観的になりがちである。調査は検証よりも，新しい現象の発見がより大事である。だから，柔軟性のある対応のしかたを考える必要がある。これが，私の言いたい第2の点である。実は調査の時に1番印象に残ったのは，往々にして，そのような予想はずれの発言だった。

　フィールドワークには無論技術もいるが，もっと大切なのは調査者個人の感受性，つまりさまざまな状況に対して，前向きに臨機応変の態度で挑もうという意識をもつことだと思っている。

(李　敏)

第5章
ローカリティーを生きる
「郡部校」生徒の進路選択

石戸谷 繁

　ある県の郡部にある高校（「郡部校」）での教師と保護者の会話。
父親；先生，（子供に）あまり勉強させねでけろ（ください）。
教師；……（とまどう教師）……

　生徒が勉強するように指導することを仕事と思っている教師にとっては，保護者の言葉は当惑する言葉であった。どうしてこのような会話がなされるのか。都市部の進学をめざす生徒が多い高校では，起こりえないことである。このような会話は，確かに地方でも特異なことかもしれない。しかし，その根底には，特異なこととして片づけられないことが潜んでいるのではないだろうか。
　本章では，地方の「郡部校」の就職を希望する生徒に焦点をあて，進路選択の基盤と学校の指導のあり方を探る。さらに，今日「郡部校」がおかれている現状を明らかにしたい。

第 5 章

1．問題の設定

a．高校教育研究の死角「郡部校」

　高校教育をテーマとした研究は数多くある。教育改革を論じるときは，斬新な教育理念を掲げ最新のシステム・設備などを有する先進校，また，学校格差を論じるときには都市部の階層的な高校を対象とすることが多い。しかし，日本の高校は実に多様であり，すべてをこれら少数の学校を基準にしてとらえるのには無理がある。多様な角度からの捉え方が必要であると思われる。

　この章では，これまで見落とされがちであった「郡部校」に焦点をあてたい。ここでいう「郡部校」とは，地理的に町村部にある学校で，概して都市部から離れた学校をいう。日本の高校のうち「郡部校」と呼ばれる学校は数多くある。東北地方のA県についていえば，全日制県立高校70校中，半数の35校がそれにあたる。都市部の高校と比較すれば規模は小さいものの，多くの生徒が通学している。学校は過疎化と少子化のなかで，規模の縮小もしくは存続の危機という課題を有していることが多い。

　このような「郡部校」の生徒の進路選択はどのようになされるのであろうか。

　都市部から離れたところに生活する生徒達の就職や進学は，多くの場合地域間移動を伴う。そのため，「郡部校」の生徒の進路選択は，都市部の生徒とは異なるものと考えられる。この章では次の2点を探求したい。
　①「郡部校」の生徒の進路選択は，どのようなプロセスでなにを基盤として行われるのか。
　②学校の指導はなにを基盤として行われるのか。

以上の点をふまえながら，生徒の進路選択と学校の指導の関係を明らかにしたうえで，「郡部校」の現状を紹介したい。ここでは東北地方のA県にあるB高校を取りあげることとする。

b．B高校の概要と変容

　B高校はA県のS地域内のB町にあり，今年で創立57年になる。創立当初は女学校としてのスタートであったが，戦後の学制改革で普通科の男女共学校となった。2000（平成12）年4月時点での学校規模は1学年普通科3クラスで，376名の生徒が在籍する[1]。大半が地元B町の出身で，中学校の学力は中下位層が多い。

　生徒の進路状況は，1999（平成11）年3月卒業生では大学・短大進学率14.0%，就職率52.7%（就職進学者を含む）である。就職者の3人に1人が県外（主に首都圏）に就職する[2]。職種は，販売職・サービス職・技能職が中心で事務職は少ない。就職先の大半が，中小企業・個人経営の事業所である。

　B高校がこの30年間一貫して抱えてきた問題は，生徒数の減少ということであった。昭和40年代中頃には1学年6クラス（普通科4クラス，家政科2クラス），全校で約1,000名の生徒が在籍し，さらに定時制も併設する地域の中堅校であった。しかし昭和50年代に入ると生徒数は徐々に減少しはじめ，1982（昭和57）年には1学年5クラス（普通科4クラス，家政科1クラス）となった。昭和60年以降減少傾向は一層強まり，1989（平成元）年には1学年4クラス（普通科3クラス，家政科1クラス），1991（平成3）年の家政科の普通科転換を経て，1997（平成9）年から普通科3クラス体制となっている。

　このような学校規模縮小の主たる原因は，少子化の進展，過疎化による人口減少，地元中学生の他校流出である。

　では，学校規模の縮小とともに，B高校はどのように変わってきたのであろうか。昭和50年代中頃から今日までのB高校の変容をたどりたい。

　昭和50年代までの入学生徒の学力は，中学校の最上位層が近隣都市の学校に流出するものの，上位層が多数入学し，比較的高いものであった。しかし，昭和60年頃から，中学校の上位層の大半が近隣の町の高校に進学するようになり，入学生徒は中下位層が大半となって学力が相対的に低下した。

この間，卒業生の進学実績も同様に低下傾向を示した。1981（昭和56）年を例にとると，卒業者数265名中大学進学者は21名で，うち1名が国立大学に合格している。進学率は15.1％で県平均とわずか2.9ポイントの差しかなく，「郡部校」としては高い方であった。

　昭和60年頃になると進学実績は低下し，大学進学者はスポーツ推薦を中心とした5～7名程度となり，以後国立大学に入らなくなった。近年，大学・短大進学の容易化，地元生徒に有利な公立大学の設立により進学率は上昇しているが，県平均との格差は拡大傾向にあり，全体的には低迷している（図表5-1）。

　B高校は，このような進学実績の低下傾向に対しどのように対応してきたのだろうか。国立大学の合格者が出なくなった昭和60年頃から，同校では生徒の「進路希望の実現」と「進学実績の回復」を目標として，指導の強化策を実施した。教育課程の見直し，学力別クラス編成，放課後の進学講習の強化，進路相談の活発化，進学意欲の喚起策などが行われた。

　B高校がこのような目標を掲げた理由は，それが地域における学校の信頼と威信を高め，他校への生徒流出をくい止めることができると考えたことによる。しかしながら，地域において定着したB高校へのマイナスイメージは容易に払拭できず，目標は達成されずに終わった。

　このようななかでB高校が2次的な目標とした公務員受験指導は，上位層への志向や指導体制の充実もあり，1988（昭和63）年～1992（平成4）年までは国家Ⅲ種・県初級職員試験で大きな成果をあげ，同校を活性化させた。その後，景気の悪化により高学歴者の公務員志向が強まると，B高校の生徒の合格者は激減した。

　さまざまな施策が試みられるなかで，B高校が抱えた問題は「生徒数の減少＝学校規模の縮小」ということであった。この原因は，地域の過疎化と少子化の進行，他地域への生徒流出などであった。特に近隣地域の高校への生徒流出が上位層に続き中下位層まで及んだことは，定員割れを起こす大きな要因となった。それはクラス数と教員定数の削減をもたらし，学校の進学指導機能を大きく低下させた。特に数学科の教員が削減されたことは，国立大学や公務員の受験指導にとって大きな痛手であった。このようにB高校は，

図表5-1　B高生の進路状況

年度	進学(人) 大学総数	国公立	私立	短大	専門・各種等	就職(人) 総数	県外	割合(%)	公務員	Ⅲ種県職	事務職	割合(%)	未定	卒業者総数(人)	進学率(%) B高	A県	全国
昭和54	24	2	22	19	47	167	65	38.9	13	1	47	28.1	9	255	16.1	19.4	—
55	10	0	10	20	52	181	90	49.7	10	1	46	25.4	8	263	13	18.9	—
56	21	1	20	14	42	172	87	50.6	8	3	34	19.8	17	265	15.1	18	—
57	10	1	9	13	40	124	84	67.7	6	3	33	26.6	42	228	10.1	17.9	—
58	13	0	13	19	40	178	104	58.4	12	1	41	23	6	242	9.5	18.2	29.6
59	7	1	6	16	45	112	62	55.4	7	0	24	21.4	10	177	12.4	17.8	30.5
60	6	0	6	17	39	152	103	67.8	10	5	40	26.3	10	211	10.9	18.4	30.3
61	5	0	5	12	37	161	102	63.4	5	2	33	20.5	2	204	7.8	20.5	31
62	7	0	7	11	31	137	89	65	8	3	36	26.3	13	187	10.7	20.3	30.9
63	7	0	7	10	29	156	106	68	10	5	37	23.7	15	207	8.2	20.3	30.7
平成1	5	0	5	11	31	138	90	65.2	9	8	42	30.4	13	184	9.2	20.7	30.6
2	9	0	9	17	33	147	108	73.5	11	7	51	34.7	2	198	13.1	21.9	31.7
3	7	0	6	7	31	135	90	66.7	16	13	51	37.8	6	172	7	23.4	32.7
4	9	1	9	15	29	111	62	55.9	12	7	38	34.2	7	164	14.6	25.3	34.5
5	7	1	6	11	40	100	59	59	11	0	21	21	6	158	10.8	26.4	36.1
6	2	1	1	8	44	88	40	45.5	3	0	17	19.3	18	152	5.8	26.1	37.6
7	7	0	7	14	35	76	28	36.8	5	1	13	17.1	22	150	14.7	27.4	39
8	10	2	7	11	37	76	23	30.3	1	1	18	23.7	17	149	13.4	28.7	40.7
9	16	2	14	12	36	70	40	40.4	4	0	17.5		23	142	19.7	29.3	42.5
10	9	2	6	9	23	68	22	32.4	6	1	7	10.3	20	129	14	31.5	44.2
11	11	2	9	6	28	51	19	37.3	0	0	2	3.9	24	116	14.7	—	—

注：＊1　就職者総数は就職進学を含む。　　　　＊4　進学率とは現役進学率のこと。
　　＊2　昭和54〜57年度の全国進学率統計はない。　＊5　Ⅲ種県職は公務員の内数。
　　＊3　平成11年度の全国・B県進学率統計は未発表。

学校規模の縮小が目標の実現を一層困難にするという構造的問題を抱えていた。

　今日，大学・短大進学の容易化により進学率は上昇傾向にある。しかし，S地域のB高校をはじめとする「郡部校」の進学率と，A県全体および全国の格差は拡大傾向にある。また，就職の面においても，公務員と事務職の実績の悪化に加えて，未就職者の増加の問題を抱えている。

　このように今日，B高校をはじめとする「郡部校」は，学校規模の縮小，組織機能の低下，地域における威信の低下，さらに就職環境の悪化により，

都市部の高校よりも厳しい状況におかれている。

2．進路選択の環境

a．脆弱な県内雇用

　A県における1999（平成11）年3月卒業生の県外就職率は34.6％である[3]。近年低下してきたものの，ここ10年間は全国平均の1.7倍～2倍前後を推移しており，全国最高水準にある。地域的には，東京，神奈川，埼玉，千葉の首都圏が大半を占めている。

　このような県外就職率の高さは，県内の産業構造を基盤とした労働市場の状況に規定される。県内の産業構造は，図表5-2に見られるように[4]，第1次産業の比率が高く第2次・第3次産業が低い。B高校があるA県S地域は，県内においてもこの特徴が際立っている。そのためS地域の労働市場はきわめて脆弱であり，貧弱な求人の原因となっている。

　県内事業所の労働条件を，県外就職の大半をしめる東京のものと比較すると，高卒就職者の初任給指数（平成10年度）は，東京を100とした場合，A県男子は82であり，女子は79にすぎない[5]。所定労働時間（平成9年度）においては，逆に107.2となっており全国最高である[6]。高校卒業予定者に対する県内求人倍率（平成10年度）においても1.62倍にすぎない[7]。つまり県内求人は県外求人と比較して，質量ともにきわめて劣っている。このため生徒は，求

図表5-2　就業人口比率

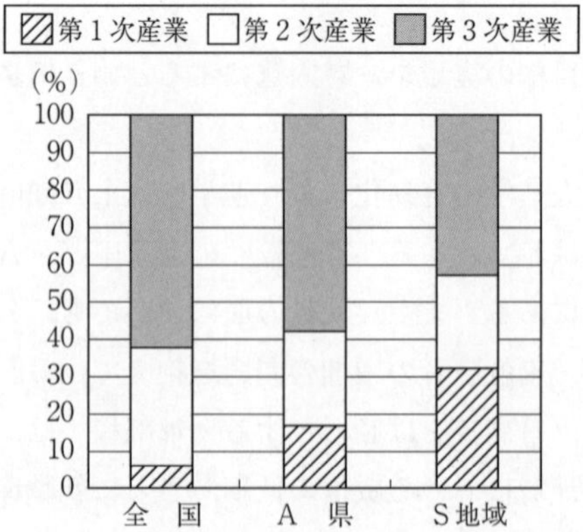

人数が多く多様な職業があり，労働条件のよい県外企業（主に首都圏）への就職を考えざるをえない。

b．崩れゆく家庭と地域

A県内の求人が県外求人と比較して劣っているため，S地域の生徒が選択できる職業は限られている。また，企業と学校の「実績関係」が就職の合否を左右する現行のシステムでは，同じ地域にある高校でも，ヒエラルキーで下位に位置する学校ほど，就職に際して不利な状況におかれる（「郡部校」は，一般的に下位に属する）。つまり，「郡部校」は経済上と就職システム上の二重のハンディキャップを負っているのである。

このようななかで，生徒がより自分の能力や適性にあった職業に就こうとするならば，多様な職業が存在する首都圏への就職を考えなければならない。その際の就職は，地域間移動を伴うものとなり，県内に就職する場合とは異なる事情が生ずる。生徒個人の人生はもちろん，家族のありかたにまで影響を及ぼすきわめて大きな問題となる。

A県の高校は，高度経済成長期以来，毎年首都圏を中心とした地域に多数の生徒を就職させてきた。教師は，県内の求人が少ないこと，雇用条件が劣ることなどにより，生徒に県外の就職先を提示せざるをえなかった。生徒にとっては，適職を求めての移動であったが，その結果，A県の郡部地域には過疎問題が生じた。地域から若者がいなくなり，活力を失い続けている。教育にも影響が及んでいる。学校の統廃合も進み，地域の教育力が低下してきた原因ともなっている。

また，家族にも大きな影響を及ぼしている。自動車で農道を走っていると，腰の曲がった老人が，1人で手押し車を押しながら，小さな集落から遠く離れた町まで買い物にいく姿を見かけることがある。子どもは都会に行き一人暮らしなのだろうか。家族に若い人がいればあり得ないことである。子どもの就職が家族の離散をもたらしているともいえよう。

このような過疎問題は，本来的には経済と政治の問題なのだが，教育（進路指導）がもたらした結果であることも間違いはない。

学校における進路指導は，生徒の職業的自己実現を図ることを主たるねら

第5章　ローカリティーを生きる　99

いとしている。職業的自己実現を図ろうとすれば，生徒は県外に就職する。それは，地域の教育基盤を崩壊することにつながる。教師が意図的に生徒に対して行う進路指導は，教師が意図しない結果を家庭と地域にもたらしている。教育は，一方で家庭の教育力・地域の教育力の大切さを説きながら，一方では，家庭と地域を崩壊に導くという矛盾した行為を行っているのである。「郡部校」の生徒の進路選択と進路指導は，社会的矛盾が教育的矛盾に転化したなかで行われている。

3．生徒の進路選択

a．選択決定のプロセス

「郡部校」の就職希望生徒の選択決定は，どのようなプロセスをたどるのであろうか。ここでは調査結果をもとに論じたい。

調査対象としたのは，B高校と隣町にあるC高校の就職希望の生徒である（図表5-3）。C高校はB高校よりも学力面で1ランク上にあるものの，おかれている状況は基本的にB高校と変わらない。本調査は1995（平成7）年1月に実施した。

図表5-3　調査対象者　（人）

高校	学科	男子	女子	計
B高校	普通科	47	46	93
C高校	普通科	22	11	33
	商業科	11	52	63
計		80	109	189

一般的に，生徒が就職試験を受けるまでにはいくつかの事項についての決定を行う。具体的には，「就職するのか進学するのか」「どのような職業に就くのか」「どの企業・官庁を受験するのか」などである。さらに地方や「郡部校」の生徒の場合には，「どこに就職するのか」という決定も必要である。そこで調査では，以下の6事項について決定時期を調べた。

①就職する決心
②県内か県外かの決定

③職種の決定
④業種の決定
⑤受験先の決定
⑥第1志望の受験

また，決定時期を以下の5期に区分する。
(1)早期（中学校，高校1年前半）
　生徒が高校生活に意欲と緊張を持っている時期。
(2)前期（高校1年後半，2年前半）
　生徒が進路の選択決定を強く意識せず，高校生活を過ごす時期。
(3)中期（高校2年後半，3年4月・5月）
　修学旅行や文化祭が終了し，進路の選択決定が本格化していく時期。
(4)後期（高校3年6月から10月）
　総合体育大会が終了して進路の選択決定が最終的局面を迎える時期。
(5)晩期（高校3年11月から12月）
　進路の選択決定が山場を越えた時期。

　図表5-4は，各事項の決定時期の生徒比率をグラフ化したものである。全体として，「①就職する決心」が中学校または高校1年前期という早い段階で行われている。「②県内か県外かの決定」については比較的早く決定される傾向があるが，一方で遅い生徒もいる。また，決定の時期について前期に空白期間があり，後期に決定がかたよっている。つまり，3年の6月から8月までのわずか3ヵ月間に決定を行う生徒が少なくないのである。
　では決定のプロセスにおいて，各事項はどのような選択関係になっているのだろうか。図表5-5は，2事項間相互の優先比率を表したものである。ここでいう「優先」とは，2つの事項を比較した時，先行決定することをいう。進路決定の時期が「早い」「同時」「遅い」のいずれになっているかを％で示したものである。例えば，1) では「就職する決心」が「県内か県外かの決定」より早い者は49.5％，「同じ」者は40.0％，遅い者は10.5％となっている。この特徴として，「②県内か県外かの決定」が「①就職する決心」を除く他の事項よりも優先されていることが指摘できる。「③職種の決定」

図表5-4 選択決定のプロセス1

凡例:
- ①就職する決心
- ②県内か県外かの決定
- ③職種の決定
- ④業種の決定
- ⑤受験先の決定
- ⑥第1志望の受験

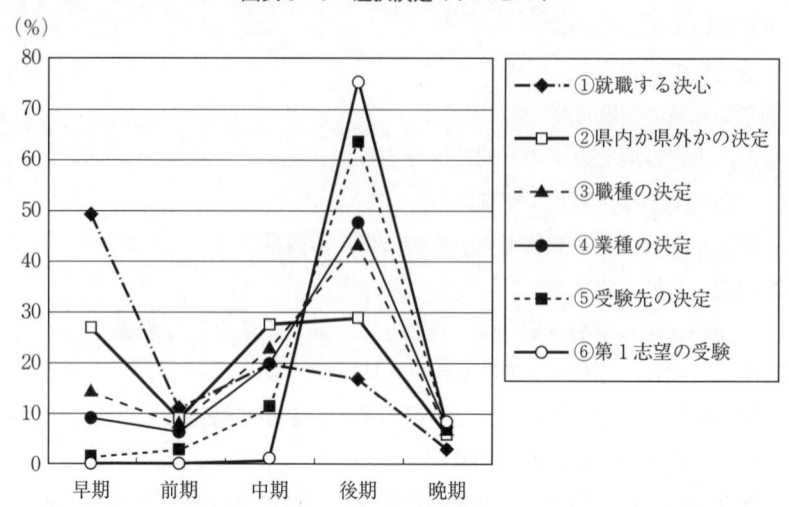

横軸: 早期、前期、中期、後期、晩期

図表5-5 2事項間優先比率　　　(％)（　）内は人数

	A 項	A項を優先	同時決定	B項を優先	B 項
1)	就職する決心	49.5 (94)	40.0 (76)	10.5(20)	県内か県外かの決定
2)	〃	67.4(128)	30.5 (58)	2.1 (4)	職種の決定
3)	〃	73.0(138)	24.9 (47)	2.1 (4)	業種の決定
4)	〃	87.4(166)	11.1 (21)	1.6 (3)	受験先の決定
5)	県内か県外かの決定	51.8 (99)	31.9 (61)	16.2(31)	職種の決定
6)	〃	58.9(112)	26.8 (51)	14.2(27)	業種の決定
7)	〃	78.5(150)	14.7 (51)	6.8(13)	受験先の決定
8)	職種の決定	18.4 (35)	78.4(149)	3.2 (6)	業種の決定
9)	〃	59.2(113)	38.2 (73)	2.6 (5)	受験先の決定
10)	業種の決定	51.1 (97)	45.8 (87)	3.2 (6)	〃

図表5-6 選択決定のプロセス2

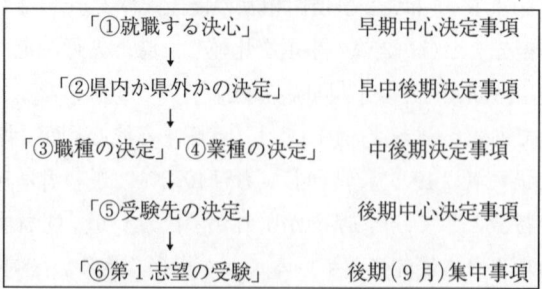

「①就職する決心」　　　　早期中心決定事項
　　↓
「②県内か県外かの決定」　早中後期決定事項
　　↓
「③職種の決定」「④業種の決定」　中後期決定事項
　　↓
「⑤受験先の決定」　　　　後期中心決定事項
　　↓
「⑥第1志望の受験」　　　後期（9月）集中事項

「④業種の決定」「⑤受験先の決定」との関係においては，いずれも半数以上の生徒が優先している。同時期決定の比率は1割5分から3割程度である。「①就職する決心」との関係においても，「②県内か県外かの決定」の優先が1割，同時期決定が4割もいることを考慮すると，就職地域の決定は生徒達にとりきわめて重要な決定事項といえる。選択決定のプロセスの全体的傾向をモデル化すると，図表5-6のようになる。

b．「地域重視主義」――「何になるか」より「どこで生活するか」

選択決定のプロセスにおいて，「②県内か県外かの決定＝就職地域」が職種や業種の決定に先立って行われる傾向があることがわかった。それは，「何になるか」よりも「どこ（の地域）に就職するか」を優先させることである。つまり，職業を選んだ結果として就業場所が決まるのではなく，就業場所を選んだ結果として職業が限定され決まっていくということである。

首都圏や都市部に住む就職の機会に恵まれている生徒とは異なり，働くために居住地を離れる可能性の高いS地域の生徒にとり，「②県内か県外かの決定」はきわめて大きな意味を持つ。つまり「どこに就職するか」ということが，将来「どこで生活するか」ということを意味するからである。

では「②県内か県外かの決定」と「③職種の決定」の優先の違いによって，どのような意識の違いがあるのだろうか。はじめに，優先の違いにより，「地域重視群」と「職種重視群」とに分類し[8]，さらに就職地域の違いにより「県内地域重視群」「県外地域重視群」「県内職種重視群」「県外職種重視群」の4つに分けることとした（図表5-7）。

ここでは「県内地域重視群」と「県外職種重視群」を比較したい。両群を比較対象とするのは，就職地域と職種の選択決定上において対極にあるため，決定の背後にある意識が明確になると考えたためである。

図表5-8は就職地域選択の際の重視事項を表したものである。これを見ると，「県内地域重視群」は「3．生活のしやすさ」や「1．親の意向」で上回る。つまり，職業そのものよりも家庭や地域における生活や親の考えを重視している。親の意向の重視は親子関係の密接さを表している。一方，「県外職種重視群」は，「2．就職先のこと」や「7．自分の可能性や能力

第5章　ローカリティーを生きる　103

図表5-7　地域重視群と職種重視群の区分と就職地域

(%)（　）内は人数

```
        X項        X項優先       同時期決定       Y項優先       Y項
    県内か県外かの決定 51.8(99)    31.9(61)  +  16.2(31)    職種の決定
              ↓                         ↓
          「地域重視群」                「職種重視群」
         ┌─────┴─────┐            ┌─────┴─────┐
        県内      県外            県内      県外
        (61)     (36)            (48)     (43)      NA(3)
```

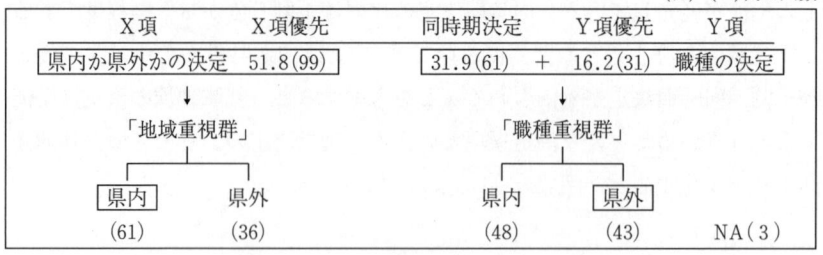

図表5-8　就職地域選択の際の重視事項　　　　(%)

就職地域選択重視事項（複数回答可） （人数）	県内地域重視群 61		県外職種重視群 43
1．親の意向	**28.3**	＞	7.3
2．就職先のこと	36.7	＜	**61**
3．生活のしやすさ	**56.7**	＞	24.4
4．地域に対する愛着やあこがれ	15		26.8
5．家族の抱える問題（扶養，家業をつぐなど）	5		2.4
6．親や知人がいること	30		29.3
7．自分の可能性や能力を発揮できること	13.3	＜	**29.3**
8．その他	1.7		7.3

注：＞，＜は15.0以上の差のある項目で，太字は高い方の数値。

を発揮できること」で上回り，自己を生かせる職業により強い関心を持っている。全体的にみれば，県内地域重視群は地域における「生活」を重視し，県外職種重視群は働くことをとおして自分の可能性を追求し能力を発揮するという「職業」重視の選択をするといえるであろう。

　では，「県内地域重視群」の「生活」の重視，いいかえれば「地域重視主義」とはどのようなものなのであろうか。これは生活に何を求めるかによってかなり変わってくる。人によっては，アミューズメント性，刺激，ゆとりなど種類は様々であるが，それが精神的，経済的，肉体的な場合がある。そのなかで，地域のイメージは定型化されステレオタイプ化される。各々の地域の存在意義は，どのようなライフスタイルやライフプランを求めるかによってかなり異なってくる。

　この根底には，これまで育ってきた生活環境に対する"慣れ"がある。こ

の場合の生活環境とは，勝手を知った生活空間であり，気心の知れた家族や友人がいるといった人間関係を含むものであろう。つまり就職をすることにより，新しい生活空間への適応や，人間関係の構築を煩わしいことと感じるメンタルな要素が大きいと思う。とくに，A県の生徒が都会に就職する場合，生活のスピードやセンス，物事の進め方や人間関係における合理性は，適応の必要条件となる。豊かな自然，ゆったりとして温かい人間関係のなかで育ち慣れ親しんできた生徒にとり，見知らぬ土地に出ることは一種の冒険でもある。さらに，生徒が日常生活で使う方言は，一般的にハンディキャップとなることが多い。運悪く適応に失敗した場合には，"根無し草"になりかねない危険性さえある。県内にいる"あずましさ（心地よさ）"と，都会に出る"てげ（たいぎ，煩わしさ）"が，「県内地域重視群」の「生活のしやすさ」の根底にある。

ｃ．生徒の悩み——理想と現実のはざまで

　生徒は，自己の進路を選択決定していく過程で様々な不安や悩みを持つ。「人生観・職業観が定まらない」「自分の能力・適性がわからない」など自己や職業に対する悩み，「就職後の生活への適応」への不安などがある。そのほかに「希望地域・職種・企業に就職できるか」といった地域の雇用環境や「親との意見の相違」「家庭の制約」といった家庭的事情によるものもある。ここではこれらの環境的要因に関して，生徒の自由記述から悩みの実態を探りたい。

　自分が希望する地域，職種や企業への就職可能性に関して，ある生徒は次のように書いている。

　　生徒D「自分が就きたい職業があっても，地元では就けないという悩みがある。」（C高・1年・女子）
　　生徒E「不景気なので，就職しにくいことが非常に不満である。A県は全然良いと思う企業がないことも不満だ。(略)」（B高・1年・女子）
　　生徒F「できるものなら県内にいたいが，県内に私の入れるような職業が見つかるかどうか不安だ。」（C高・2年・女子）

生徒G「今年は，県内就職が厳しく大変だった。事務の仕事につきたかったが，求人がこなく，サービスという仕事につくことになった。本当は今でも事務の仕事をやりたい。」（C高・3年・女子）

生徒の悩みは，未定者（生徒D，生徒E，生徒F），内定者（生徒G）の違いがあるが，このような進路の悩みは，生徒が就職地域を県内に限定したことにより，厳しい雇用情勢の影響を受けたことによる。つまり職種，業種，事業所よりも就職地域を優先したことによる悩みである。

また，進路の選択に際して，親や家庭の事情による制約に直面する生徒もいる。

生徒H「ただとにかくお金が必要だから就職するという考えを持つ大人はいやだ。自分で好きな，好きでたまらないものを持っているのに，家庭の経済で進学はできないなんて悲しすぎる。自分がそれほど進学できる余裕があるとはいえないけれど，それでも好きなことができないまま，一生を過ごすのもつまらない。進路選択で，本当に満足できる所へ行ける人なんているんだろうか。結局は，お金が左右するのではと思った。」（C高・1年・女子）

この生徒は，家庭の経済的問題が，進路の選択を制約している。親と子どもの間の希望に大きな乖離が生じている。A県の平均県民所得は全国でも下位に位置する。S地域は県内においてもさらに低い。「女には学問は不要」といった考えを持つ親も少なくない。家族意識の保守性という地域的特色が反映している。

以上，生徒の悩みを見てきたが，背景にはA県の狭小な労働市場，家庭の経済水準，保守的な親の意識などがあり，地域における生活とそれは，深くかかわっている。

4．学校の進路指導

a．成績を中心とした「自己選抜」

　学校における進路指導は，実際どのように行われているのであろうか。ここでは，生徒に対する指導を取りあげたい。

　教師は生徒に対して，就職先を選択決定するための多くの情報や機会を提供しているが，そのなかで，生徒はどのようなことを参考にしているのであろうか。図表5-9を見ると，「学校の成績」（56％）が最も参考にされていることがわかる。同じ成績でも「模擬試験の成績」（26.5％）は，あまり参考にされていない。その他の項目では「進路の手引き・進路ノート」（51.3％）が高いが，体験的な学習である「職場見学・職場実習」（22.3％）や，自己の理解のために行われる「適性検査・性格検査」（35.8％）などはさほど高くない。学校の成績がきわめて重要な意味を持つことがわかる。

　では，学校の成績の参考度合いは，生徒が希望する職種により違いがあるのだろうか。学校の成績を最も重視するのは，事務職（69.7％）であり，次いでサービス職（66.7％），販売職（60.5％）となっている。しかし，技能職（42.1％），職人（27.8％），保安警備職（11.1％）は低い比率となっている。

　以上から，技能職，職人，保安警備職は，学校の成績をあまり参考にしないといえるのだろうか。図表5-10は，B高校の1995（平成7）年度の「進路の手引」をもとに，成績順位と職種との関連性を見たものである。この「進路の手引」は，前年度の卒業生の就職先，職種，および在学時の学年ごとの成績順位を掲載してある。ここでは，3年次の成績を上位（1～35位），中位（36～80位），下位（81～116位）に3分し，職種ごとの人数をまとめた。[10]

　これによると，事務職希望者は，成績が上位の生徒がきわめて多く，下位にはほとんどいない。販売職とサービス職の希望者は，中位の生徒が最も多い。技能職希望者は，大半が下位の生徒である。このように成績と職種の間には，明確な対応関係がある。これは，技能職に就く生徒であっても，自分の学校での成績を参考にして選択をしていることを意味している。

　ではなぜ，生徒はこのように成績順位に対応する職種を自ら選ぶこと，つ

図表5-9　参考事項（職種別）　　　　　　　　　　（％）

参考事項＼職種（人数）	平均 190	事務 76	販売 38	サービス 21	技能 19	職人 18	保安警備 9	その他 9
1．進路手引き・進路ノート	51.3	65.8	68.4	38.1	42.1	11.2	11.1	44.4
2．職場見学・職場実習	22.3	22.4	13.2	33.3	21	22.2	55.5	0
3．適性検査・性格検査	35.8	44.7	34.2	23.8	36.8	16.7	33.3	44.4
4．学校の成績	56	69.7	60.5	66.7	42.1	27.8	11.1	55.5
5．模擬試験の成績	26.5	26.3	31.5	23.8	21.1	27.8	22.2	33.3

図表5-10　成績順位と職種　　　　　　　　　　　（人）

参考事項＼職種（人数）	事務 13	販売 13	サービス 12	技能 22	職人 6	保安警備 3	その他 10
上　位（1～35位）	**8**	4	4	2			
中　位（36～80位）	4	**6**	**6**	5	5	1	2
下　位（81～116位）	1	3	2	**15**	1	2	8

注：下線付太字は最も多い数値（少数の職人・保安警備・その他は除く）。

まり「自己選抜」ができるのであろうか。それは教師が，「進路の手引き」，進路新聞，就職実績の校内掲示など，卒業生の成績順位と職種や就職先の情報を，生徒に知らせることによる。生徒は，職種や就職先のイメージを客観的指標である成績をもとに作り出していく。成績による職種のイメージは，さらに，職業理解のための資料によって強化されていく。C高校の「進路の手引き」には，それぞれの職種に求められる能力として，次のように書かれてある。

《事務系職種》　「特殊な能力や素質は必要ではないが，経理，会計の場合は珠算，簿記をはじめ，会計，税理，財務関係の知識，技能，人事では公正な判断力と人事処理能力を，企画，調査では新鮮なアイデアや計画力と統計，計算の能力を秘書では臨機応変で機敏な判断力，処理力や記憶力，面接能力，言語能力などが必要である。」（下線は筆者）

《営業系・販売系職種》　「対人関係の仕事が多いので話上手で，頭の回転が早く強い体力と精神力が必要である。とくに必要とする能力は産業によって異なり，機械，薬品などでは，語学力が，金融では経済・経理の知識が広告

業では芸術的センスがそれぞれ必要となる。」
《サービス系職種》　「それぞれの職務に必要な知識のほか，話上手で，よく気がつき物事を敏感適切に処理できる判断力，行動力が必要であり，業種により多少異なるが，音声や容姿なども条件となる。乗物関係では特に体力が第一である。」[11]

　このなかで，職種に求められる能力と学業における成績との関連性が強いのは，事務職である。簿記・会計・珠算等の知識，計算力，記憶力，言語能力などの諸能力は，学校の教科の成績と直結しやすい。しかし，営業・販売系職種，サービス系職種は，事務職ほどの関連性はない。ここにはあげていないが，技能職については，さらに成績との関連性は低い。「進路の手引き」の情報は，成績を中心とした職種のイメージの形成に大きな役割を果たしていると思われる。図表5－9で，「進路手引き・進路ノート」の情報を参考とする比率（51.3％）が高いのも，このような事情によるものであろう。また，職種のイメージは生徒間の日常的な情報の交換によっても補強されていく。
　このようにして，学校の成績と結びついた職種のイメージが形成されたうえで，選抜が行われる。事務職の場合は校内選考が選抜の第一歩であるが，その限られた枠を得ることが就職の前提となる。校内枠をめぐっての競争に対して，事務職を希望する生徒は僅少の差が分かれ目となると感じ，学校の成績に敏感になる。図表5－9で「学校の成績」を参考にする比率が高いのも，このような事情によるものである。成績が低位の生徒の場合には，このような競争からリタイアし，競争がないかまたは緩やかな職種を選択の対象とすることとなる。
　成績順位と結びついた精緻化された職種のイメージは，自然と自分の成績に応じた職種へ導いている。学校の指導は成績主体の職種のイメージの形成に大きな役割を果たしている。
　教育には，生徒の主体性を尊重すべしとの論理がある。それは，限られた枠のなかに生徒を選び分けていく選抜の論理とは，はじめから対立するものである。進路指導の一貫として行われる職業選抜は，そもそもこのような矛盾を負っている。この教師の役割葛藤を合理的に解決する仕組みが，生徒の

「自己選抜」である[12]。この「自己選抜」は，成績を中心とした職種のイメージ形成により支えられているといえる。

b．進路意識の形成

ホームルーム活動は，「生徒が自らの在り方生き方を考え，主体的に進路を選択することができるよう」指導する場として学習指導要領ではきわめて重視されている[13]。「夢や希望を育てる」「自己及び職業や将来の生活についての理解を深める」「望ましい職業観」「進路計画を立案する」「進路情報の収集・活用」[14]のための進路学習は，どのような効果をあげているのであろうか。

B高校は，LHR（ロングホームルーム）での進路学習に，比較的熱心に取り組んでいる学校である。このような指導は十分な効果をあげているのだろうか。進路学習に関して，①人生観・職業観，②自己の能力・適性，③企業・職業の実態についての悩みについて尋ねた（図表5-11）。2年生の比率が各項目において最も高い。3年生は2年生よりも比率が低めであるが，それでも各項目で4割以上の生徒が悩みを有している。

人生観や職業観は簡単に定まるものではない。この結果をもって進路意識形成のための進路学習の効果がないとは言い切れないが，企業・職業の実態がわからないまま，進路を選択する生徒が多いということは，進路の選択にとって好ましいことではない。

LHRの指導は，実際に力を入れても効果をあげるのは難しい面がある。原因は，進路学習のカリキュラム化が難しいことにある。特に，職業のイメージ形成が難しい。時間的・空間的制約のあるLHRの授業で，職業や企業についての観念的な理解を深めることはできても，地域雇用の実態と自己の生活に即して理解を深めることは難しい。

次の文章は，雑誌に掲載されたある教師のLHRに対する感想である。

> 「ホームルーム活動の重要性や意義について頭では理解し得ても，実践の場で，教師も生徒も容易にその有効性を実感していない。より効果的であろうとすれば，その準備や計画の緻密さにおいて，授業以上のものが要求され，そうした余裕は勿論ない。結果どうしても安易に流れ，む

図表 5-11　進路意識の悩み　　　　（％）

項　目 \ 学年（人数）	1年 71	2年 79	3年 95
1．人生観・職業観が定まらない	43.6	54.4	48.4
2．自分の能力・適性がわからない	53.5	57	42.1
3．企業・職業の実態がわからない	50.7	60.7	49.5

しろ持て余し気味のむなしい1時間となりはてている。」[15]

　このようにカリキュラム化の困難さと効果の確認の難しさが，多くの学校において，教師の教員のLHRへの取り組みを一層消極的なものとさせている。しかし，今日の若者の希薄な職業意識を考えると大切なことであり，生徒が自分自身の生き方や能力・適性と結びつけて考えられるような指導が求められている。
　学習指導要領の改訂により，新しい教育課程が平成15年度から年次進行で実施されることになっている。そのなかでは新しく『総合的な学習の時間』が設けられており，最近，これを活用して新たな取り組みをしようとする高校が増えてきている。

5．地域重視の実際

　一般的に進路を選択する際に，「よい」職業・職場・大学をめざして行われると思われている（ここでいう「よい」とは，社会的威信・名誉・地位・経済的安定といった社会的風潮として多数の人が価値として認めるものをいう）。はたして「郡部校」の生徒の進路選択は，そのようなものだけなのであろうか。ここでは，B高校の生徒の進路選択の具体的事例を紹介し，その基盤にあるものを考えたい。

（事例1）
　I夫は地元の中学校から入学した生徒であり，純朴で礼儀正しく曲がったことの嫌いな生徒であった。剣道部に入って熱心に練習を続け，3年次には

キャプテンとして大会に参加した。

　将来の進路希望は地元Ａ県の警察官になることであった。２年次からは，目的を達成するため部活動をやりながら公務員希望者向けの講習を受けて勉学にも励んでいた。

　３年生の９月になり，Ａ県の警察官試験を受験したが，結果は不合格であった。この試験は同時に首都圏の数県の警察官採用現地試験をも兼ねていたことにより，Ｊ県の合格となった。

　第１志望ではなかったものの，当初Ｉ夫はＪ県の警察官として赴任することを決心し，指導した教員達もそれが本人の将来にとってよいことと考えていた。しかし，赴任が近づいた２月になり，Ｉ夫は進路指導部の担当教師のところにやってきた。

　　Ｉ夫；　先生，Ｊ県に行がね（行かない）ごとにした。
　　教師；　どうしてだ。せっかく合格したのに。
　　Ｉ夫；　（男手で一つで育ててくれた）親父とばっちゃ（祖母）をおいて上さ（東京方面に）行げね。
　　教師；　４月から（の就職）どうするつもりだ。
　　Ｉ夫；　親父と一緒に土方（土木建設作業員）をやる。
　　教師；　そうはいっても，警察官の方が社会的にも経済的にも安定していると思うけど。
　　Ｉ夫；　でも行がね。

　学校教育における職業の選択は，①社会に貢献する，②自分を磨く，③生活の糧を得る，④社会との関わりをもつといった点から指導される[16]。これらの点からすると，警察官への道を捨てて土木建設作業員になるというＩ夫の選択は，通常，教師からは理解されにくい。また，社会的威信や経済的安定を重視する社会的風潮からも同様であろう。しかし，Ｉ夫の選択の背景には，家族の問題がある。自己の職業の選択が家族の有り様に影響を与えることを考え，Ｉ夫は警察官よりも土木建設作業員を選択しようとしたのである。最終的にＩ夫は，教師との話し合いによりＪ県に行くことになったが，ここに学校と生徒の間にそれぞれが求める価値の乖離がみられる。

（事例２）

　Ｋ子は中学時代から成績が優秀で地域の最難関校にトップクラスで入学することのできる生徒であった。Ｂ高校には当然のようにトップで入学した。Ｂ高校の教師は，久しぶりに国立大学に合格することのできる生徒が入学してきたことを喜んだ。クラスは進学指導中心のクラスに配属された。真面目な学習態度，高い理解力により，容易に授業内容を消化した。授業が進むにしたがい教師の期待は一層高まる。

　担任；　大学進学を考えてみないかい。あなたの力なら（県内の国立）Ｌ大学なら入れるよ。

　Ｋ子；　大学をめざすならＭ高校（地域の進学校）に入っていました。

　担任；　でも考えてほしいな。

　Ｋ子；　……（沈黙）……。考えてみます。

　しかし，大学進学を本気で考える様子はなく，講習をはじめ受験指導を全く受けようとはしなかった。結局，２年生になり公務員の道を選択し，学校で行う公務員講習を受けた。時々行われる模擬試験の結果はいつもＡ判定であった。

　３年生になり，公務員試験は，Ａ県の初級事務職と国家Ⅲ種の関東行政事務Ａを受けることにした。１次試験はともに合格で２次試験を受けた。その結果，国家Ⅲ種の採用候補者名簿に登載され，ある中央官庁の最終面接試験を受けた。採用の可否の電話連絡はすぐに学校にきた。採用担当職員の話は「優秀な生徒であり採用したい」ということであった。進路指導部の担当教師は，まだ東京にいたＫ子に早速電話で連絡した。

　教師；　合格したよ。おめでとう。

　Ｋ子；　……（沈黙）……

　教師；　どうした？

　Ｋ子；　……（すすり泣く声）……

　翌々日，学校に登校したＫ子は教師にこう言った。

　Ｋ子；　先生（○○省には）行きません。私が行くところではないと思いました。他の人はみんなスーツを着ていて学生服を着た人は私だけで……。それになぜか東京に住みたくないと思ったから。

第５章　ローカリティーを生きる　113

教師；　でも力があるから選ばれたのだよ。それに今Ａ県の合否も決まっていないし。（東京で）働きながら夜大学に通って卒業すれば，将来様々な可能性が出てくるよ。
　Ｋ子；　でもＡ県にいたいから，行きません。

　結局Ｋ子は採用を断ることになり，２次試験の結果が分からないＡ県初級職に賭けることになった。「力がありながら，可能性のある道を選ばない」と嘆く教師達をよそに，最終的にＫ子はＡ県職員となった。

　進路に関してＫ子は２つの選択をしている。１つ目は，高校選択を機に高校卒業後は進学をしないで就職をするというもの。これは高校入学後も変わることはない。教師の進学の勧めにも動じることはない。２つ目は中央官庁内定の際におけるものであり，Ａ県職員との選択である。

　この２つの選択に共通しているのは，社会的名声や威信の獲得，将来の社会的地位の獲得可能性を重視していないということである。「できる限り自分に馴染んだところ（生まれ育ったところ）にいたい」というきわめて素朴な生活感覚に基づくものである。しかし教師の指導は，Ｋ子の選択とは異なる２つの観点からなされている。１つ目は，生徒の個性の伸長と能力の育成という「教育の論理」に基づくもの。そしてもう１つは学校の「実績の回復の論理」である。この生徒の選択と学校の指導には乖離が見られる。これは双方が立つ価値基盤が異なるからである。

（事例３）
　次に，進学についての事例を紹介する。進学に際しても，地域重視の考えが生徒の進路選択に大きな影響を与えている。
　Ｎ二の家は地元で建設業を営んでいる。純朴な生徒であり教師や友人に好かれる人物であった。部活動は柔道部に入り，熱心に練習し３年次にはキャプテンとして大会に出場した。

　Ｎ二；　先生，おい（私）大学さ行きてんだばって（行きたいのだけど）。柔道していがら。
　教師；　大学に行って自分の可能性を試すことはいいことだ。家の人は何といっている。

Ｎ二；　おやず（父親）は「そんなとこに行ったって何になる」と大反対するのわかっているから話せね。
教師；　家の人の話も聞いてみる。
　その後，教師と父親が会う機会があった。
教師；　Ｎ二君が大学に行きたいと行っていますが。
父親；　先生，大学に行ってどうすんだば。家さ帰ってこなぐなるがらいらね。あんまり勉強させねでけろ。

　結局，Ｎ二は父親のいうとおり，大学進学をあきらめることになった。
　「勉強することが良いことである」「（威信のある）大学に進学する」これが，今日の多くの生徒や教師・保護者の考えとされ，また社会的風潮としてとらえられている。しかしＮ二と家族の選択は社会的風潮とは異なる選択である。「大学への進学＝家族の離散」であり家族の幸福ではないのである。
　これは必ずしもＢ高校のような就職中心の学校のみで見られる問題ではない。この地域の進学校においても次のようなことがときどきある。世間でよく言う一流大学（旧帝大）に合格可能な生徒が，県内のＬ大学を志望した。理由は「冬になると父が出稼ぎに行き，母が１人だと雪かきができないから」ということであった。母親も「大学はどこでもいいんです。生活がいろいろ大変だから地元にいて欲しい」ということであった。都市に生活する人にとっては，「たかが雪かきで」と思うであろう。しかし雪国の人々にとっては冬場の大切な日課なのである。
　このように生徒のなかには，大学への進学を自ら限定する者や，周囲により制限される者がいるが，生徒自身や家族のライフ・スタイルに基づく場合が多い。

6．おわりに

　この章の目的は，「郡部校」の生徒の進路選択のプロセスと基盤を明らかにし，学校の進路指導との関係を探ることにあった。
　「郡部校」の多くの生徒は，進路を決定する際，はじめに就職する地域を

決定する。つまり「なにになるか（職種）」より「どこ（の地域）に就職するか＝どこで生活するか」ということを最も重視する。県内に就職する生徒の場合，特にこの傾向が強い。就職地域を県内と決定することにより，選ぶことができる職種がきわめて限定されるのだが，このような選択をする主な理由は，地元にいる方が「生活しやすい」からである。生徒は，「生活」を基盤とした大きな選択の枠組みを形成するのである。

しかしながら学校の指導は，成績を最も重要な指標として構成されている。具体的には，職種のイメージ形成が，それに求められる学力との関連で理解されるようになっている。生徒はこれにより選択する職種が限定され，自ら自己の学力に相応な職種を選択するようになる。つまり自己選抜のシステムを作りあげている。

このように成績を中心に選択を求める学校の指導と，生活を選択の基盤として進路を考えていく生徒の間には乖離が見られる。学校や今日の社会的風潮である「勉強をすることを良し」とする価値観，教育における「個性を伸ばす」というような価値観は，必ずしも生徒や親のそれと一致するわけではない。「郡部校」の生徒や親の価値観は，過度の経済的裕福や社会的威信を求めるものではなく，家族や地域における日常的な生活を大切にしようとする素朴なものであることが多い。

近代社会において，学校は業績原理の浸透に大きな役割を果たしてきた。学校にとり，学業成績は１つの指標であったし，大学への進学や就職の実績はその証であった。しかし，日本においてこの業績原理の浸透は全国均一に進行したのではなく，地域によって大きく異なった。今日においても地方の郡部においては，業績ではなく属性を重視する生き方が根強く存在する。

筆者は，このような生き方は否定されるべきものではないと考える。しかしなかには，日常の生活のなかに自己を埋没させ，一時的に小さな快楽を求めて生きようとする者もいる。働くことや職業に希望や生きがいを見いだせず，「生活のしやすさ」のみに埋没するのである。このことはＡ県で高い離職率の一因としてあらわれており，行政および教育上の重要な課題となっている。[17]

最後に，社会の構造的変化に起因する「郡部校」が抱える問題をあげ，そ

のゆくえを考えたい。

　第1は，学校規模の縮小の問題である。今日多くの「郡部校」は，生徒数の減少により年々規模が縮小してきている。過疎化と少子化の進展が主たる要因であるが，学校の威信低下による地元中学生の他校への流出ということも一因となっている。そして近年，地元中学生の流出は，学力面の上位層のみならず中下位層にまでおよんでいる。このような生徒数の減少＝学校規模の縮小は，教員定数や予算の削減をもたらし学校の機能を低下させている。多くの「郡部校」で学校活性化の試みがなされているが，規模の縮小化にともなう機能の低下は大きな障害となっている。

　第2は，就職環境の問題である。年々，高卒者就職は厳しいものとなってきている。経済構造上と就職システム上において，都市部の高校よりも不利な立場にある「郡部校」にとっては，一層厳しいものである。また，公務員は，「郡部校」の生徒にとり地元での「生活」ができる望ましい職業であったが，近年，高卒予定者が合格しにくくなる傾向にある。この傾向は，今後も変わらないものと思われる。

　急激な社会の変化により生じる問題と，生徒の意識との乖離のなかで，今日「郡部校」には，教育改革に基づく学校の活性化が求められている。規模の縮小とともに機能が低下していくなかで，多様な生徒に，多様な方法で，多様な進路から1つの道筋を選択させる指導は，今後一層困難さを増していくであろう。また，その他の学校運営もこれまで以上に難しくなっていくであろう。「郡部校」に対して機能低下を防ぐための行政的施策がなされなければ，生徒が集まる都市部の学校と「郡部校」の格差は，様々な面で広がっていくものと予想される。

　（付記）
　　本稿を書いてから既に3年以上が過ぎた。使用したデータも古いものとなってしまった。このような本稿を掲載することが妥当なのかどうか考えた。
　　しかし，1990年代，というよりもそれ以前から地方の高校生が行ってきた進路選択の在り方は今日も基本的に変わっていない。
　　そしてそれは，今日の高校生の職業観や進路選択の問題を考えるうえで参考になるのではないかと考え掲載することにした。

注

1) A県立B高等学校『平成12年度　学校要覧』2000年, 3-4頁。
2) 『高等学校卒業者の進路状況』A県教育委員会, 2000年, 3頁。
3) 『高等学校卒業者の進路状況』A県教育委員会, 2000年, 3頁。
4) 「産業別・市町村別15才以上人口就業者数」『平成12年　A県統計年鑑』(A県, 38-41頁) と「都道府県データ」『平成11年　県勢要覧　統計でみるA県の姿』(A県統計協会, 134-135頁) をもとに作成。
5) 『平成11年度　労働経済要覧』A県労働協会, 1999年, 12頁。
6) 『平成10年度　労働経済要覧』A県労働協会, 1998年, 33頁。
7) 『統計でみるA県の姿』A県統計協会, 1999年, 15頁。
8) 「②県内か県外かの決定」を優先する「地域重視群」の決定の仕方および考え方を「地域重視主義」と呼ぶこととする。この場合の地域とは, 地理的基盤の上に成り立つ生活圏という意味で使う。
9) 古賀正義 1993「地方青年の『地域リアリティ』に関する実証的研究」『宮城教育大学紀要』第28巻別冊, 202頁。
10) A県立B高等学校『平成7年度　進路の手引き』1995年, 9-16頁。
11) A県立C高等学校『平成7年度　進路の手引き』1995年, 100-101頁。
12) 苅谷剛彦『学校・職業・選抜の社会学』東京大学出版会, 1991年, 101頁。
13) 『高等学校学習指導要領解説　特別活動編』文部省, 1989年, 34頁。
14) 「中学校・高等学校進路指導資料　第1分冊　個性を生かす進路指導をめざして」文部省, 1992年, 47-48頁。
15) 『月刊　進路ジャーナル』実教出版, 1992年10月号, 16頁。
16) 『My roard』実教出版, 1992年, 2頁。
17) A県T日報「離職の決断早いんです」2000年4月18日。A県の1996 (平成8) 年3月卒業の県内就職者の3年以内の離職率は54.6%であり, 全国平均48%よりもかなり高い。

参考文献

岩木秀夫 1988「高校進路指導と生徒の進路 (就職) 選択」天野郁夫他『高等学校の進路分化機能に関する研究』トヨタ財団研究助成報告書

仙崎　武 1996『学校進路指導の研究―その理論と方法』私家版

樋田大二郎・耳塚寛明・岩木秀夫・苅谷剛彦編著 2000『高校生文化と進路形成の変容』学事出版

門脇厚司・飯田浩之編 1992『高等学校の社会史―新制高校の「予期せぬ帰結」』東信堂

苅谷剛彦・菅山信次・石田　浩 2000『学校・職安と労働市場』東京大学出版会

吉本圭一 1992「初期化キャリアのパターンと職業生活」『高卒3年目のキャリアと意識』日本労働研究機構

小杉礼子 1992「職業意識の形成と初期化キャリアパターン」『高卒3年目のキャリアと意識』日本労働研究機構

岩木秀夫 1992「高等学校と初期キャリア」『高卒3年目のキャリアと意識』日本労働研究機構

杉山剛士 1990「高校における進路指導と主体的な進路選択行動」『高卒者の進路選択と職業志向』日本労働研究機構

藤田英典 1997『教育改革』岩波書店

COLUMN Number 5

教師による学校研究の問題と可能性

　これまで20数年間の教員生活で,「どうして?」と思う生徒の進路選択が少なくなかった。進路選択に関する教師と生徒の意識の乖離が,どのようなしくみで成り立っているかを知りたかった。そこで大学院研修を希望し,宮城教育大学で学ぶ機会を得ることができた。

　研究を進めるにあたって,教師という立場から離脱して考えようとする意識と,どうしても離れられない意識との葛藤に直面した。空間的に学校を離れても,意識のうえで教師を離れられないもどかしさを感じた。

　また,教師としての立場には,いくつか留意すべきことがあった。同僚や協力してくれた教師との信頼関係,生徒に関する情報の問題などには,とくに気をつかった。これまで学校の内部で生活し,多くの生徒と関わりさまざまなことを体験してきた。生徒と教師のありのままの姿を見てきた。知りすぎていることを,どのように取捨選択し整理していくかが課題であった。

　ところで,近年の研究においてエスノグラフィーが盛んになってきている。このような研究手法は,学校の文化をよりありのままにとらえようとすることをねらいとするものであろう。しかし,研究者が学校内部の実状を知るということには困難が伴う。『教育のエスノグラフィー』で葛上が述べているように (1998年, 220頁), 学校という「制度的関門」と,生徒や教師との「心理的関門」を越えなければならないからである。「制度的関門」は管理職の承諾があれば,乗り越えられるだろう。しかし,「心理的関門」を乗り越えることは一層難しい。外部の人間が観察することを目的に組織内に入るとなれば,教師や生徒でなくても,大半の人は警戒心を抱くであろう。

　しかしながら教師は,このような問題点を容易に克服できうる立場にある。エスノグラフィーの定義を,古賀の「実際に現地に赴いて比較的長期間滞在し被調査者と生活を共有しながら,集団や組織の文化を観察・記述する方法」(『〈社会〉を読み解く技法』1997年,72頁)とするのならば,教師は被調査者である生徒や他の教師と,最も自然な形で生活を共有しており,観察者として条件的に恵まれている。対象を自己と区別できるかという問題を抱えるにしても,教師がエスノグラフィーをはじめとする研究の方法を学ぶことにより,興味深い研究が可能となるであろう。今後一層,多くの教師が研究の世界と交流することを期待したい。

　今回の研究は,エスノグラフィーを目的として行ったものではない。本書作成

の趣旨に十分添えなかったかと思う。また，本稿の作成に際しては，調査・研究段階も含めて多くの方々のご助力をいただいた。お世話になった方々に感謝を申しあげ結びとしたい。

（石戸谷　繁）

第6章
「縦割り学級」の学校文化
伝統校エトスの伝承と転換

荒川 英央

　本章の事例である若狭高校は，戦後45年間にわたって綜合縦割りホームルーム制という特殊な実践を行ってきた。若狭高校のホーム制は，単純にいえば授業クラスとは別に学科・学年の枠をとりはらってホームルームをつくり，それを同校の教育目標である「教養豊かな社会人」の育成の基盤にしようとするものだった。この教育理念自体は一見ありふれた抽象的なものである。しかしその理念は，ホーム制という特殊でかつ具体的な実践との相互作用によって，教職員はもちろん生徒の間でも議論の蓄積を促し続け，またそれと同時に学校を取り巻く環境の変化に対する教員集団の対応にも影響を与えてきた。

　本章では，学校を取り巻く環境の変化に対応しようとする学校の動きのなかで，現実としての教育理念が果たしうる役割のひとつの側面を，若狭高校の事例によって考察することを試みる。

第6章

1. はじめに

　高等学校での教育活動の組織化のありようが一様ではないことはよく知られている。学校の組織化のありようを規定する要因とそのメカニズムについては，理論的に考察され，経験的な知見も積み重ねられてきており，各高校が，その進路状況や入学者の学力を基準とするいわゆる高校階層構造をはじめ，学校を取り巻く社会的文脈に応じて多様であることが明らかにされている[1]。もちろん例外はあるが，こうしたこれまでの研究はおおむね共時的な調査方法を用い，個々の学校の個別性をあえて捨象することで様々な成果を上げてきたといえる。しかし学校組織の差異と変容を説明するモデルには，暗黙のうちにであれ，動的な過程への言及が含まれている。したがって個々の学校が，変化する社会的文脈にどのように対処し，その教育活動をどのように変えてきたかを個別的・動態的に考察することは，上述の成果を二重の意味で補完する重要な作業であると考えられる。このとき忘れてはならないのは，学校文化，とりわけ教員文化である。苅谷（1981）がいうように，学校の活動は学校を取り巻く環境の変化を直接被り自動的に変化するのではなく，教員集団の教育に対する考え方や学校を取り巻く環境の変化に対する彼らの認識によって媒介され，方向づけられるからである。

　本章では，外部環境と学校組織の動態的な関係を，若狭高校の事例に即して考察する。若狭高校を対象にすることは次のような意義をもつ。苅谷・酒井（1999）がすでに指摘していることだが，若狭高校の縦割りホームルーム制は学習指導・生活指導・進路指導等々の教育活動を巻き込み，それらの間に緊張関係をもたらすことで，教員に対して，高校教育とは何か，どういう教育を行うべきかに関して，学校の教育理念と照らしあわせて繰り返し批判・

反省することを迫る教育実践であった。少なくとも教育社会学の領域では，従来教育理念は現実とは無縁のものとして分析から除外されることが少なくなかったが，理念が存在すること自体もまた現実である。そうだとすれば，現実としての理念を分析にとりいれ，それが教育活動の組織化にどのような影響を与えるかを考察することは重要な研究課題となる。筆者は前掲書の中で進路状況と教育活動の関係を考察したが，それと教育理念がどのような関係をもつかについて考察ができたとはいいがたい。そこで本章では上記の課題を引き継ぎ，学習指導・生活指導・進路指導という個別の活動と教育理念の相互作用を記述することで，総体としてのホームルーム制と教育理念の関係の分析を補うことを試みる。

このような関心のもと，まず第2節で若狭高校の縦割りホームルーム制の仕組みを概観した後，第3節では発足当初の若狭高校がどのように教育活動を組織化していたかを略述する。そして第4節では1959（昭和34）年のホーム制存廃論議前後の授業クラスの固定化・均質化の過程，第5節では特に1970年代以降の学科再編によるホーム集団の変容，第6節では進学状況に対応して1970年代後半から始まる進学指導の組織化の過程をそれぞれ考察する。最後に第7節では1994年のホーム制廃止の後，若狭高校がどのように教育活動を再構築しつつあるかを簡単に述べる。

2．調査と対象校の概要

綜合縦割りホームルーム制は特異な教育実践である。そこでこの制度を中心に対象校の概要をやや詳しく紹介しておきたい。本章で事例とする若狭高校は，若狭湾のほぼ中央に位置する福井県小浜市にある県立高校である。若狭高校は，1949（昭和24）年，旧制小浜中学・小浜高女・小浜水産を母体とする小浜高校と，遠敷農林学校を母体とする遠敷高校の合併により，普通・商業・家庭・水産・農林の5つの学科をもつ総合高校として発足した。綜合縦割りホームルーム制が始まったのもこの年である。すぐ後で説明するが，そもそもは若狭高校で学科の枠をとりはらってホームルームを編成することにしたのは，いわば寄せ集められた旧制中等学校の生徒の間の融和をねらっ

たものだった。しかし，終戦直後に教科の自由選択制が導入され，固定クラスが原則として成立しないことになっていた当時，ホームはそれに代わる基礎的な生活集団という位置づけを与えられることになったのである。授業クラスとは別のこのホームルームのあり方はこの時期決して特異なものではなく，総合縦割りホームルーム自体，決して一般的とはいえないまでも，若狭高校以外にもいくつかの高校で導入されていたものである（宮坂，1951）。

　若狭高校に入学した生徒は，学年・学科の枠をとりはらって編成されているという意味で同学年の生徒からなる通常の「クラス」とは異なる「ホーム」に所属した。またそのホームは，学年・学科に加え，性別・出身中学・学力等の点でも偏りが生じないように意図的に編成されていた。各ホームは相互に等質であり，内部に異質性をもつ集団だったのである。半世紀近い長い歴史のなかで生徒数の増減によるホーム再編があったから，ホームの数は30～50個の間で変動があった。ホーム再編の時を除けば，生徒は卒業までの3年間同じホームルームに所属した。1日の生活を見ると，授業の間はホームのメンバーはばらばらの教室で，クラスのメンバーと過ごす。そして，お昼になるとホームの教室に集まってお弁当を食べ，おしゃべりをしたり，バレーボールをしたりとホームのメンバーと過ごす（この時間を「ショートタイム，ＳＴ」という）。ＳＴには，アドバイザーと呼ばれるホーム担任の教員（通称ＡＤ）が連絡事項を伝えた。ＡＤは原則として別のホームの担当に変わることはなく，同じホームの担任を何年も続ける場合が多かった。ＳＴが終わると，生徒はふたたび授業を受けに，ばらばらに教室へ向かう。ＳＴのほかには週1時間「ロングタイム」（ロング・ホーム・ルーム）があり，また合唱コンクールや討論会，予餞会等の諸行事にはホーム単位で参加していた。長期休暇にはホーム単位の合宿もあった。

　1994（平成6）年，若狭高校はこの総合縦割りホームルーム制を廃止し，クラス制の学校へと移行した。本章で用いるデータは，ホーム制廃止から2年後の1996（平成8）年に行った卒業生および現旧教職員への聞き取り調査と学校要覧等の文献資料によるものである。なお，この調査は苅谷剛彦を代表とする「若狭高校研究会」によって実施された。[2]

3．新制若狭高校の教科選択制・縦割りホームルーム制

a．教科選択制のもとでの「クラス」，ホーム制と教育目標の連結化

　発足後間もない若狭高校のホームルームは，①生徒にとって唯一の生活の場であり，また②学年，学科，性別の枠をとりはずして構成されるという2つの特徴をもっていた。それでは，今日通常の学校で生徒の生活の場になっているクラスはどうなっていたのだろうか。1950年代初めの卒業生は次のように語っている（括弧内は執筆者が補ったもの。以下同様）。

　　クラスっていうのはねえ，……国語の時間（のメンバー）イコール英語の時間のメンバーじゃないんですよ。……担任がいるわけでもないし。……（通常のクラスは）クラスという人間の塊があって，そこへ先生が来るというかたちだったですよね。先生（が）来て，（授業が終われば）帰る。……若狭高校の場合，教科の先生がいて教室のスペースがあって，（生徒は）そこへざーと集まっていって，（授業が終われば）散る，ということだから。なんか違うんですよね。クラスと言っても。本質的にね。……クラス意識はないんですね。ですから。（普，男）

　教科の選択制のもと，授業クラスのメンバーは固定されてはいなかった。またクラス担任も置かれておらず，クラスは生徒が帰属意識をもてるような集団ではなかったのである。そこで生徒の生活の場，生活集団としてホームがつくられたのである。しかし，そうだとしても学年・学科別のホームでもよかったのではないか。事実，学科の枠をとりはらうことには学科間の融和をはかるという意図があったとはいえ，異質編成のホームは学校内外でも何の疑問もなく受け入れられたのではなかった。ホーム制の導入と定着に重要な役割を果たした鳥居史郎氏（若狭高校の初代「ディーン」（指導部長），後に校長）は，次のように保護者に対してホーム制の趣旨を説明し，理解と協力を求めた。

（新制高校になってクラスに加えて）今一つ従来と異った大きな点は，生徒の生活の中心教科でありましたところの修身や公民の教科がなくなったことであります。生徒の生活指導はすべての教科を通じてなされねばならないことは勿論でありますが，それだけでは生徒達の教養の豊かさは求められないような気がします。……（そこで）学年学級の枠を除いた，而も生徒の社会的公民的活動の場ともなり得る組織を作ることが必要となってきたわけであります。……ホームルームの目標は色々申されるでしょうけれども，「教養豊かな知識人を作ろうと努め又自らなろうと努力する先生と生徒との結び合いからなる家庭的集い」であります（鳥居，1950）。

　若狭高校の教育目標は「教養豊かな社会人」の育成だった。ホーム制はこの目標を実現するために導入されたのだというのである。ホームは，①異学年，男女混合による「兄弟姉妹の集った家庭教室」であり，②異なる学科の生徒が集まる「職業社会の縮図」として「社会的公民的活動の場」であるとされた。異質編成のホームと教育目標が連結化されたのである。ここで学科についてだけ当時のメンバー構成を確認しておきたい。図表6-1はホームの学科別構成比をみたものだが，1949（昭和24）年度のホームは普通科生がほぼ半数を占め（54.7%，1ホーム平均15.5人），残りの半分はほぼ同数の商業科生・家庭科生（それぞれ20.2%，25.1%，平均5.7人，7.1人）が占めるという構成であったことがわかる。[3] メンバー構成の変化の背景とその意味についてはまた後で述べることにしたい。

b．基礎的集団としてのホーム

　それではクラスとホームという2つの集団は，生徒にとってはどのようなものとして経験されていたのだろうか。放課後の様子をみると，1950年代頃の生徒にとって学校生活の基本はホームだったことがわかる。1950年代半ばの卒業生の1人は，放課後の教室はホームのものであったと次のように話してくれた。

図表 6-1 　学科別メンバー構成

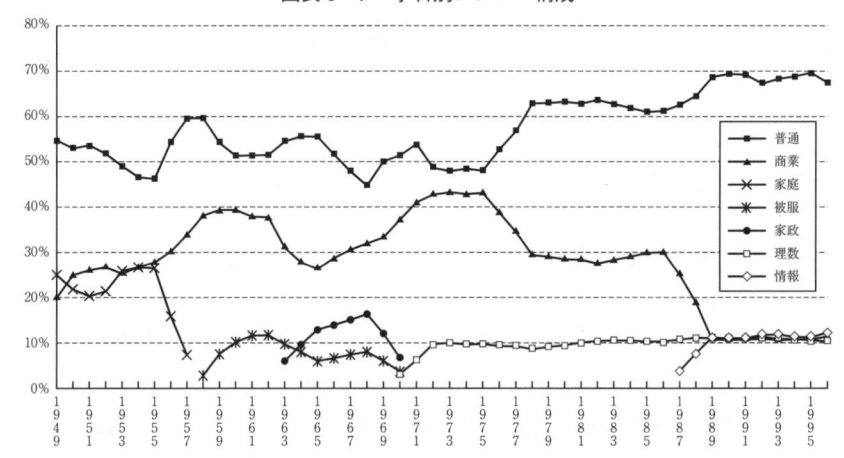

注：1958年度以降は若狭高校学校要覧より作成（1963年度分の学校要覧欠損のため，前後の年度のものから推計）。1957年度以前は同窓会名簿をもとにした推計値。

　その頃は，そのクラスがありませんでしょ。部屋が。……居残って遊ぽうと思っても部屋がないわけですわ。その部屋はホームの部屋ですから。……ですから，（放課後になると進学希望者が集まって）その辺のところの校舎のかげへ行ったりですね，空いてる部屋へ行ったりとかですね。友達のところへ遊びにいったりっていうようなことで。（普，女）

　1959（昭和34）年に若狭高校運営委員会がまとめた『ホーム制度研究資料』には次のような記述がある。

　理科の実験等に際し1つの実験グループ内で（実験はどうしても放課後にならざるを得ない現状）いつも，ホームの仕事等の為に実験に参加出来ぬと言う様な人が出て来るその為に1つの実験もうまく行かず……（当時平日に行われていた放課後補習の受講者は）補習の教室使用の面でホーム担任や生徒（ホーム）への気兼ねから時に流浪の旅を補習の時に続けねばならない。

第6章　「縦割り学級」の学校文化　　129

ここからは，授業や補習よりもホームでの活動が優先されることがあったことがうかがえる。生徒にとって，ホームが基礎的集団だったのである。

c．ホーム制での進学指導

このころの進路指導はどのように行われていたのだろうか。卒業生へのインタビューによれば，当時はそれほど組織的な進学指導はなかったようである。1950年代初めの卒業生は次のようにいう。

> 進路指導の先生の自宅まで，夜1回行って，いろいろと教えてもらったことありますねえ。なかみちょっと覚えてないけど。自宅行くんですよ。学校でもなんかあったかも知れないけど，それ，ちょっと覚えてないですねえ。

このほか，誰にも進学相談をしなかった，あるいは生徒同士で一緒に情報を集めて進路を決めたという卒業生もいた。先の『ホーム制度研究資料』によれば，進路指導については「その主体はあくまで教科担任でありさらには進学指導担当の教師」であり，「ホーム担任は側面的」な役割を期待されていた。そして同資料のなかで今後改善すべき点として進学指導の相談係を置くことや学業指導上のコンサルタント制の導入が求められていることは，それらがまだ整備されていなかったことを示している。図表6-2によると1950年代末には若狭高校卒業後に進学した者は15％前後であった。まだ進学率が低かった当時，それほど組織的な進学指導は行われていなかったのである。

4．授業クラスの固定化とホーム制存廃論議──1959(昭和34)年の危機

a．固定クラスの成立

1950年代以降，生徒集団のあり方に影響を及ぼす2つの変化が生じた。1つは固定クラスの成立とその均質化であり，もう1つは学科・コースの再編に伴うホームのメンバー構成の変容である。本節ではまず前者をみていくこ

図表6-2　進学状況

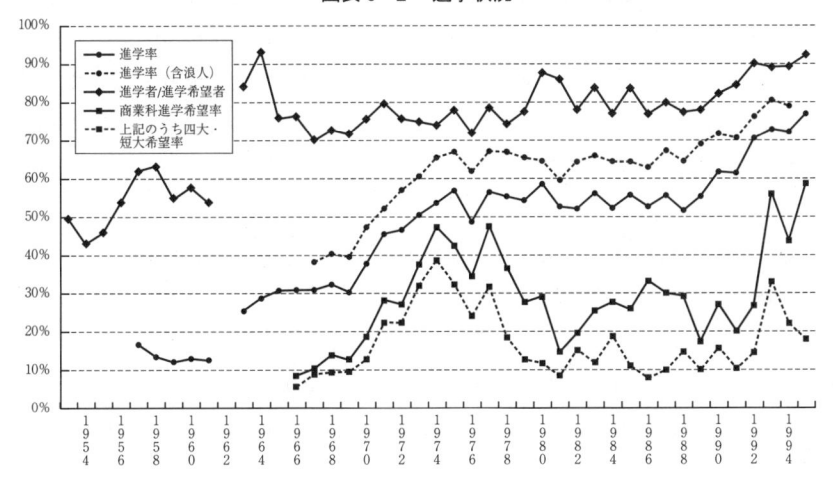

とにしよう。

　1950年代にはコース・カリキュラムが強化され，教科選択制が縮小された。コース・カリキュラムとは，学校側でいくつか決めた「コース」を生徒が選ぶ仕組みであり，これが強化された結果，メンバーが固定したクラス集団が形を取りはじめ，1959（昭和34）年度には，若狭高校にも「通常」のクラスが成立した[4]。当時若狭高校の教員であった松崎利夫氏は「若狭高等学校論」[5]で，教科選択制が縮小した理由について，次のように述べている。

　　漸く激しくなってきた普通課程の予備校化という現象に注目しなければならない。……当時，本校では忠実に選択教科制を守っていたが，大幅な選択制に手をやいていたことは事実だったし，こんな状態では所謂一流大学へ合格させるのは難しいという認識が首脳部にあり，大した摩擦もなくコース制へ移行し得たのであった。

　このように教科選択制を縮小するという判断は進学状況の変化，特に普通科のそれを踏まえたものであったのである。学校はそれを取り巻く環境の変化を直接受けるわけではない。学校の活動は，教員集団の教育に対する考え方や学校を取り巻く環境の変化に対する彼らの認識によって媒介され，方向

づけられる。すでに一部紹介したが，ホーム制の存廃をめぐって同じく1959年度に起きた議論をきっかけにまとめられた『ホーム制度研究資料』は，教員集団の考え方や認識が，教育活動の組織化に及ぼした影響を知る上で重要な資料である。次にその資料でどのような考え方が示され，どのような議論があったのかをみていくことにしよう。

b．1959（昭和34）年のホーム制存廃論議──ホーム制の危機

当時の進学部は「全くのユートピアのような現ホーム・ルーム制もすでに十年の歴史を経て，よき面も充分に発揮して来たが，厳しい社会の風潮と共にようやく批判の対象となるべき時期を迎えた模様である」と説きおこし，進学状況の変化をとらえ，学校への社会的要請を指摘してホーム制廃止を主張した。

他方，生活指導部は「成程進学就職共にその激甚な競争試験が展開されている昨今は確かに十年前のホーム制創立時代の状勢と同一でないことは認めねばならない」としつつも，「然しこのことは歪められた社会そのものに原因があるのであり而も歪められた社会そのものが大いに反省さるべきではないか。……教育の理念が社会の側からみて社会のひずみの圧力によって簡単に曲げられてよいものであろうか」と教育の自律性を説き，ホーム制維持を求めた。

ここに示されているように，教員集団が「進学状況が変化している」ことを問題視するようになったことを契機に，ホーム制存廃の議論が巻き起こり，ホーム制は危機を迎えたのである。結果的に，この論争はホーム制を維持することに落ちついた。だが，この結論を，進学への対応という「社会の要請」と，「理想」を追求する「教育の自律性」との間の二者択一的選択の結果，理想論が勝ったのであると単純にみてはならないだろう。時期はやや後になるが，1964（昭和39）年，当時校長を務めていた鳥居氏は全国高校長協会総合制部会において次のように述べている。

> 単なる知識技能が尊いのでなくて品性にまで高められた知識と技能が必要なのである。博学多識な人間でなく，本当に立派な人間性豊かな人間が要請されているのである。この意味で学力向上と生活指導とは表裏

一体であるべきである。即ち学力向上の問題意識の背景には生活指導で培われた人間関係や認識や感情がなければならず、又生活指導の背景として、教科学習＝学力向上によって養われた知性や技能がその基底をなしているものであるから、両者は相互媒介の補償関係をなしているということができる。[6]

「学力向上と生活指導は表裏一体」という認識は『ホーム制度研究資料』でもすでにみられる。この認識と若狭高校の教育目標「教養豊かな社会人」が関連していることは、中野定雄氏（若狭高校初代校長）が「人間の精神の作用を極く公式的に知情意に分けて考えてみるとして、教養人はその何れもが高度に発達した人でなければならぬ」（中野，1951）と述べていることからうかがわれる。これが必ずしも理想の教育を述べた空論にとどまるものではなかったことは、1959（昭和34）年の危機の後の若狭高校の対応から知ることができる。それでは、若狭高校はどのような対応を採ったのだろうか。

c．1959（昭和34）年以後の学習組織の変容とホームの新たな意味づけ

1959（昭和34）年以降若狭高校はクラスの進路別・習熟度別の均質化をすすめた。その一方で、「他校には恐らくその例を見ないであろう」ほど行われていた平日補習を廃止したのである。

当時の補習の実態は若狭高校のホーム制を視察に訪れた京都の紫野高校の訪問レポートからうかがうことができる。それによれば、1958（昭和33）年の時点で、3年生は5教科すべて、1，2年生は国数英について、週4日放課後2時間ずつ補習が行われていた。これは他校の教員の目には「現在若狭高校ＨＲは、所謂「進学攻勢」を旗頭とする生活指導の強力展開への障害が、抜き足さし足で、周囲を浸し始めている」[7]と映るほどのものであった。この補習の効果だったかはともかくとして、1950年代半ば～60年代半ばにかけて進学希望者中の（現役の）進学者の割合は上昇しており（図表6-2）、これが1959（昭和34）年のホーム制存廃論議でもホーム制維持を支持する根拠となっていた。この平日補習が1967（昭和42）年に全廃されたのである。その理由として挙げられたのは、補習が進学希望者を「事実上放課後の部活動や

ホーム活動から締め出」しているのと同時に，彼らが「ホームのリーダーになることからのがれる口実をつくっ」ていることであった（北川, 1977）。

次にクラスの進路別，習熟度別の均質化をみよう。クラスの均質編成をすすめた判断の背後には，教員集団にひろく共有された見方がある。進学のためには，進学希望者を集めて教えた方が効率的だという考えである。先の松崎氏は「現在30ホームにわかれている進学希望者を1乃至2のホームに収容して集中的な受験準備をすすめ得たらどれだけ能率的なことか」と述べているが，これは比較的早い時期にこの見方を示したものである。

この見方を前提に，1950年代以降進学希望者が増え，またその希望先が多様になると，進路別のクラス編成がすすめられていった。普通科3年生のクラスは1960年代半ばには進路別に細かく編成されていた。クラス別に進学希望先がわかる一番古い1966（昭和41）年度の卒業生のデータではすでに，進路希望が似た生徒をクラスに集めようとした意図がうかがわれる（図表6－3(a)）。1972（昭和47）年度からは商業科でも同じように進学希望先が似た者を集めてクラスを編成しようとしていることは，図表6－3(b)に示したとおりである。

普通科1・2年生では，習熟度別にクラスが編成されていった。1972（昭和47）年度から7年間，1年生に「英数に習熟度別をとり入れた特別クラス編成」が実施され，1979（昭和54）年度入学生からは「基本クラスにおおまかな英数による習熟度別」編成が導入された。これは「普通科の定員増による能力差に対応するため」[8]とされており，能力（習熟度）が同じような者を集めて教える方がよいという前提が示されているといえよう。

若狭高校では，ホームという異質な生徒集団をつくる一方で，クラスは学科別・学年別・進路別・習熟度別に同質な生徒集団をつくっていたのである。このように，一方においては進路状況に適切に対応できる学習集団編成の道を残した上で，他方においては，ホーム制の理想に近づくために補習を廃止するといったことが同時に行われたのである。

当時の若狭高校の教諭で，ホーム制運営で指導的な役割を果たしていた的場昭二氏が次のように述べている。

図表6-3　クラス別進学希望状況

(a) 1966年度卒業生

クラス名	総数	進学希望者数	希望先内訳			
			国立大	公立大	私立大	短期大	各種学校
B1(文)	48	47	41		6		
B2(文)	46	37	7	3	18	4	5
B3(文)	47	42	6	2	30	1	3
B4(理)	49	49	40	1	8		
B5(理)	51	43	12	1	27		3
A1	54	6			1	4	1
A2	53	7				4	3
A3	48	30			7	20	3
A4	48	28			7	13	8
C1	49	6				5	1
C2	50	6				5	1
D	46	3				2	1
E1	52	2			2		
E2	51	5			3	1	1
E3	50	5			1	1	3
E4	51	6			3	1	2
総計	793	322	106	7	113	61	35

(b) 1972年度卒業生

クラス名	総数	進学希望者数	希望先内訳			
			国立大	公立大	私立大	短期大	各種学校
B1	38	25			3	13	9
B2	39	26			5	10	11
B3	37	33		2	24	3	4
B4	48	46	21	6	17	1	1
B5	48	47	19	2	26		
G	36	36	32	1	3		
E1	49	11				10	1
E2	44	15			6	3	6
E3	44	8			5	2	1
E4	43	16		1	10	4	1
総計	426	263	72	12	99	46	34

A…普通科（就職コース）
B…普通科（進学コース）
C…家政科
D…被服科
E…商業科
G…理数科

　クラスというものは，学校における教科・科目のための知識技能の習得の能率化と個人差への適応を計るために，当然，クラスの等質的編成が考えられ，その必要を認めなければならぬと思う。
　HRについては，科程別・能力別編成のクラスによって生ずる，科程間やクラス間の非民主的な弊害を救い，組織的，計画的に生徒の生活指導を遂行するためには，また，クラスや生徒会・クラブの活発な発展のため，学校行事の民主的な運営の上にも綜合異質編成HRが大切であると思う。(的場, 1967)

　等質集団のクラスで学力向上を目指すと同時に，異質集団のホームでは生活指導を行うというのである。相反するものと考えられがちなこの2つの方

第6章　「縦割り学級」の学校文化　135

針を同時に追求しようとした若狭高校の試みは，積極的には上述の「教養豊かな社会人」の育成という目標が現実として存在していたことに支えられていたと解釈することができる。

　他方で消極的にいえば，若狭高校では異質ホームをもっていたために，進路指導の面では同質的な生徒集団の編成が比較的抵抗なく受け入れられたとみることもできる。的場氏の言葉には，その真偽はともあれ，「異質編成のホームによって，均質クラス編成による悪影響は緩和される」という一種の「理論」が含まれているといえる。繰り返しになるが，ホーム制は，その特性から「理念と実践との往復運動」を生み出す教育実践であった（苅谷・酒井，前掲）。1959（昭和34）年の存廃論議や生徒数増減に伴うホームの再編時の議論をはじめ，ホーム制の長所と短所は，教員の間で，さらには生徒の間でも（たとえば若狭高校の伝統行事のひとつだった討論会では「ホーム制は是か非か」が頻繁にテーマになった）繰り返し議論された。たとえば上で引用した的場氏の論考は若狭高校が掲げる教育理念をどう実践に結びつけるかを模索するなかで著されたものであり，10項目にわたってホーム制の長短それぞれを列挙している。こうした営みの成果はそのまま放置されてしまうことはなかった。それらは後の世代の教員による収集・編集の作業を経て蓄積され，以後の議論の土台となった。しかも本章で引用している文章のいくつかは，様々な論考に繰り返し引用され再活性化され再定義されていった。1980年代以降文章としては確認できなくなったが，このいわば若狭高校土着の理論は，議論の材料となるだけでなく，上のように教育活動の組織化の基盤ともなったのである。習熟度別学級編成やあとで触れる進路指導室は若狭高校固有の意味を与えられて展開されたのである。

　ここでみてきた1959（昭和34）年の危機以降の学習組織の変容の過程で生み出されたのが，「異質のものへの理解と寛容」というキーワードだった。鳥居氏は校長職を退く直前に次のような文章を書き残している。

　　　人の世の幸せ，人類の最高の目的は，争いのない世界を作ることだと思う。……同質のものが助け合ったところでそれは当たり前のことであって，動物でも出来ることである。人類の平和の確立，或は共存の成立

ということは，異質のものへの理解と寛容があってこそ出来るのである。教養ということばの意味は，このことにあると思う（鳥居，1965）。

人間だけに可能なこととして「異質のものへの理解と寛容」を描出し，異質集団であるホームに新たな意味づけを行ったのである。鳥居（1950），中野（1951）以来，人間と自然・動物が対置され，教養は人間の側に帰属するものとして描かれてきた。だからこの言葉は，「教養人」のなかみを明確化しただけでなく，教養人を育成する「家庭教室」というホームの位置づけ以上に，「教養豊かな社会人」という教育目標と綜合縦割りホームルーム制の連結を強固で明確なものにした。1970年代後半になってもホーム制の理念の問い返しは繰り返されたが，この「異質のものへの理解と寛容」という言葉は「ホーム制の真髄を言い表したもの」（北川，1977）として大きな影響力をもった。教育実践のなかから教育理念の再構築が行われ，そのなかで教育理念と実践の連結が強化されたのである。

5．異質ホームの変容とクラスの通常化

a．進学に向けた学科の再編とホームの変容

若狭高校はまた，進路状況の変化に応じて学科も再編していった。図表6-2からわかるように，若狭高校の進学率は1960年代後半から70年代にかけて急上昇した。この時期の若狭高校の学科再編のなかでとりわけ1970（昭和45）年度の理数科設置はこれに応えたものだろう。また商業科の定員が普通科，情報処理科にいわば振り替えられていった。1976（昭和51）年度からの商業科定員減・普通科定員増は，商業科生の四大・短大志望率の上昇と時期的に対応している。それ以後一時下降した商業科生の進学希望率が，各種学校への希望者増を受けて再上昇したのに応え，1988（昭和63）年度には商業科の定員減により情報処理科が設置された。

これらはあくまで，若狭高校で組織化される活動を学科レベルで調整しようとした試みである。しかし，ホーム編成の手続き上，学科の再編は当然ホームのメンバー構成の変化を伴った。図表6-1によれば，学科の再編によ

って1990（平成2）年度以降に至っては，ホームでは普通科生が70％近くを占め，商業・理数・情報処理の生徒がそれぞれ10％程度という構成であった。ホームの中に普通科という多数者集団と，その他いくつかの学科の少数者集団ができてきたのである。このような構成からなるホームと，ホーム制の発足当初のホームとでは，生徒にとってホームの意味も印象も違ったに違いない。インタビューによれば，多くの卒業生がホームでは学科の違いに関係なくつきあえたと話す一方，設置後一貫して少数派だった理数科の卒業生（70年代卒）は次のように語った。

　ホームで理数科って3人しかいないんですよ。各学年1人しかいないから。……普通科と商業科は，ちょっと普通科のほうが多いけど，そんなに多くはなかったんですね。だから，理数科って難しい。ホームで。……孤立したりするから，しそうになるから，気を使ったりする面もありましたね。……普通科と商業科は，私から見て，（学科間の垣根が）ないから，うらやましいなと思ってましたよ。……あのときはホームに2人いたんだけどね。わたしともう1人理数科（が）いた。全部で実は4人いたんだけど。40人のうちの4人っていったら，いやですよ。

少数だった理数科生のなかには「孤立しそうになる」と感じた者がいたのである。同じく少数派だった情報処理科の卒業生も，ホームに入って最初のうち1人ぽつんとしてしまったと語ってくれた。ホームに同学科，同学年の者がどれくらいいるかによって，ホームでの経験はどうしても違ってくる。ホームのメンバー構成は，そこでの人間関係を枠づけ，高校での経験を基礎づけていたのである。
　このような状況を教員の側では次のようにみていた。

　普通科は多いですわ。理数科（は1学年）40人です。（1ホームの中で理数科生が）1人のところと，2人のところとできますねえ。商業・情報もそうなんですねえ。……（ホームの中でこれらの学科の生徒は）男1人なんです。女も1人なんです。……ホーム制というのはこんなんだよ

と。……将来社会にでたときに，やはり，先輩に対しての接し方，あるいはまた後輩の面倒をどう見ていくかというへんで……非常に勉強になると……いうようなことは授業を通じながら言えますわね。けども，実際，ホームの担任の話を聞くと，1人ポツンとしとると。

　教員のなかには，人数の少ない学科の生徒がホームで孤立してしまっており，ホーム全体の「求心力」が弱くなっていると感じていた者もいたのである。

ｂ．クラス担任制の確立とクラスの通常化

　ホーム同様，クラスの方も変化していった。1959（昭和34）年度の固定クラス成立後もしばらくはクラス担任はいなかった。クラス担任が置かれたのは7年後の1966（昭和41）年であった（北川，1977）。学校要覧にホーム担任だけでなくクラス担任も記載され，その存在が公式化されたのは1970（昭和45）年度になってからである。クラス担任といっても，1960年代にはクラスへの連絡程度が主な役割だった。教務主任は次のように説明してくれた。

　　実際の1日の生活をみてみますと，大半がクラスで生活をすると。ほんでホーム（で過ごすの）はわずかお昼のショートタイムだけ。生活の時間はそんなふうになるわけですね。それで，当初はですねえ，やはり，クラス集団に対する指導じゃなくてですねえ，連絡事項が必要なことが結構多くあったわけですねえ。たとえば時間割変更ですとか，日程の変更とかですねえ。指導じゃなくて連絡。それをするために教務サイドでは連絡係というかたちの（教員を置いた）。'担任'ではないんですねえ。'担当'ですねえ。

　ところが，1960年代後半から進学率が急上昇するなか（図表6-2），3年生のクラス担任の役割は連絡係にとどまらなくなった。再び教務主任の説明をみよう。

進路に絡んだ部分でですねえ，3年生については（クラス担任の仕事は）そんな連絡だけでは済まないということになりまして。3年生のクラス担任はほんとに（通常のクラス制のもとでの）クラス担任というような形で進路指導を中心としたクラス指導を行っていくと。

　1970年代後半までには，進路指導を担当するものとして，とくに3年生のクラス担任の役割が大きくなっていったのである[9]。このような変化は，卒業生へのインタビューにもあらわれている。1970年代前半のほぼ同じ時期に在学した卒業生は，「クラスでもあんまり進学指導受けた覚えないし，ＡＤも行けるとこ行ったらええやいう感じで」「クラス担任があんまりあれだったから，進学とかの相談は＊＊先生（＝ＡＤ）とかにしてましたよね」と語っていた。ところが，1970年代後半以降に在学した卒業生からは，「進学相談はクラス担任にした」，「自分は誰にも相談しなかったが進学指導はクラス担任がしていた」，「自分はＡＤに相談したがその先生が進学に詳しい先生でなかったらクラス担任に相談していただろう」という答えが返ってきた。1970年代なかばを転換点として，クラス担任が進学指導を通して生徒にとって大きな存在となったことがうかがわれるのである。
　1985（昭和60）年にはクラス担任の役割が学校内規に明記され，クラス担任の公式化がさらに進んだ。そこではクラス担任の役割は学習指導を中心とした進路指導であると規定された。アドバイザーは主に生活指導を担当することになった。こうしてクラス担任が実質化し，若狭高校のクラスも「通常の」クラスとして存在するようになったのである。

c．クラスの基礎的集団化

　それでは，生徒にとってホームとクラスの関係はどうなっていたのか。1990年代に卒業し，次のように話す生徒にとって，クラスの方が基礎的で，ホームは特別なもの，追加的なものと感じられていた。

　　何でこんなことやってるんだろうっていうのが一番よく感じましたね。何でホーム制なんかしてんだろう。……クラスだけでもいいんじゃない

かって。(理,男)

　また,ホーム制の終わり頃には,放課後の教室はクラスのものに変わっていることがわかる。1990年代のある卒業生は,クラスの生徒が放課後の教室を使っていたと語っている。

　　ホームに帰る人って,あんまりいなかったと思うんですけど。……クラスがそのまんまホームに……,クラスの教室をホームの教室と一緒に使ってたんで。たとえば1年1組は1ホームとかいうふうに使ってたんで。残るとしたら,そのクラスの人が残っちゃって,ホームで集まるっていうことはなかったと思うんですけど。(普,女)

　1985(昭和60)年,18年ぶりに放課後の平日補習が再開されると,補習時間中は教室をホームの活動に使えなくなった。こうして生徒にとっては,意識の面でも,行動の面でも,ホームにかわってクラスが基礎集団になっていたのである。

6．ホーム制と進学指導の両立の模索

a．変化する進学状況と教員集団の認識

　進学者の増加に対処するのに,若狭高校の教員集団は前節でみた学科の再編とクラスの均質編成で十分だとは考えなかった。ホーム制の弱点とされた進学指導を充実させるため,組織的な進学指導が組み立てられていった。
　1960年代の若狭高校の進学指導は,進学担当の教員が提供した情報をもとに,原則としてADが行っていた。当時は進学指導に関する専門的知識がないADでも,生徒の進学指導ができると信じられていた。1967(昭和42)年に出版された書籍のなかにも次のような文章が見られる。

　　進学指導主任などは校長に直属し,進学についての計画および指導を担当する。いわば専門的指導において,ホーム担任と密接な連絡をとり,

両々相まって指導にあたっているのである。……50人の担任（AD）としては、進学・就職の指導は生徒指導を通じて研究の必要はあるが、必ずしも専門的知識を有しなくともカバーできる体制である。また該当生徒は数名のみだから、調査書作成・事務処理をはじめ、進学指導についても徹底が期せられる（浜坂, 1967）。

　しかし学校全体の進学率の急上昇を経た1970年代半ばには（図表6‐2参照）、進路指導への見方にも変化が見られるようになった。当時若狭高校教諭だった北川氏は次のように述べている。

　　3年生に対する進路指導をホーム担任が行うというタテマエは問題がないわけではない。というのは、35名の担任がほぼ同様の水準で指導を行うことは不可能に近いからだ。……進路の種類は進学から就職まで多岐にわたっており、データ処理だけで1人の能力を越えることがあるばかりでなく、単なるデータだけでは判断できない専門的知識も必要である（北川, 前掲）。

　このように、この時期になると専門的知識がないADは、生徒の多様な進路指導に必ずしも対応できる状態にないという認識が示されている。さらに近年の入試の多様化が進学指導に及ぼした影響については、進学指導に関わりの深い教員が次のように語っている。

　　最近のねえ、センター・テストがあって、前期・後期日程があって、A・B・C日程があって。……あるいは、私立大学の推薦制度がどんなになってて。まあ、難易度は別にしましてもね。そういうの全部知ってなければ、（教員は）生徒（を）指導できませんからね。さらに就職の方についても知ってなきゃならない。あるいは、そういうのを2年生の段階でどう指導するか、1年生でどう指導するか、そういうことを全部知ってなければ指導はできないですね。

この教員は「全校の80％ぐらいが進学するということになりますとね，組織だった指導というのが必要になりますよね」というが，もちろんもっと以前から組織的な進学指導が必要になり，実際に行われていたとも述べた。以上のように，進学者が増え，また生徒の進学先が多様になり，かつ入試の複雑さが増すにつれて，学校側も進学指導に力を入れざるを得なくなったものと推測できるのである[10]。

b．進学指導の集中・特殊化と進学指導室の発展
　こうして組織だてられていった若狭高校の進学指導で次第に大きな位置を占めるようになったのは進学指導室である。先ほどの教員は次のように説明している。

　　生徒がアドバイザーにきいても，そらわからん，わからん，進学にききにいってこいやと。そういう形がどんどん増えてきたですね。……たとえば，生徒が看護婦さんになりたい。どないしたらいいと，アドバイザーにきく。看護学校いきゃあいい。それぐらいしかいってもらえなかった。どこにあって，試験がどうなってるのか。アドバイザーには掴みきれない。そういう場合には，生徒は直接進学指導室へやってきて……たずねる。……そういう形がたくさん。

　この進学指導室が就職指導室（「職業指導室」）とならんで学校要覧の校務分掌上にあらわれたのは1965（昭和40）年度である。当初は進学関係の情報をＡＤに提供することが主たる役目であったこの進学指導室が，ＡＤを補完して生徒の進学指導に直接関わるようになっていったのである。
　これを基盤とし，次第に進学指導室のイニシアティブが組織化されていった。進学指導室には「学年チーフ」と呼ばれる学年担当が置かれ，各学年の進学指導のリーダーシップをとった。ホーム制のもとでは学年会はなく，各学年をとりまとめる学年主任も存在しなかったからである。人数的にも進学担当の教員は漸増傾向にあった。ＡＤがホームの生徒を指導することになっていた若狭高校では，進学指導を集中化しそれに特殊化した部局を強化する

第6章　「縦割り学級」の学校文化　143

かたちで他校とは異なった進学指導を展開していったのである。

　固定クラスにクラス担任が置かれるようになると，進学指導室はＡＤだけでなく，クラス担任にも進学関係の情報をまわすようになっていった。そして，進学指導室の「進学指導行事計画」によれば，1982（昭和57）年度から進路選択に関わる三者面談（ＡＤ・親・生徒）が，クラス担任を加えた「四者面談」となった。この時期を境にして，進学指導の主体がＡＤからクラス担任へと移ったことが次の教員の言葉からわかる。

　　　　ＡＤ・クラス担任・親・生徒。四者会談。これ，夏，休みの時に実施する。これ私ねえ，ＡＤとしてごっつ屈辱を感じてたんや。私に任されてんのやろうと思うとったのに，クラス担任の方から'日，設定しました'ゆうて'この日に来てください'って。くそーと思って。

　それではなぜ進学指導がクラス担任と進学指導室の協働で進められていったのだろうか。その理由としては，第１にＡＤが担当するホームは進路の多様な生徒で構成されていたのに対し，クラス担任は進路別に分けられたクラスを担当していたこと，第２にホームと同じ数いるＡＤ（当時35名）と比べれば，１学年のクラス担任はその1/3だったことがあげられる。これらは，次元は異なるが，基本的には特殊化路線の延長・強化といえる。そして第３に「ＡＤの指導」のあり方を指摘することができる。これについては項をあらためて述べることにしたい。

ｃ．ＡＤの指導，クラス担任の指導

　自らも若狭高校の卒業生である教員は，自身の高校時代と比較して，進学指導が次のように変わってきたという。

　　　　私が高校時代なんかですと，……進学指導ってのはほとんどなかったですね。……３年になってホームのアドバイザーが進学指導（をする）……これは全くなかったですし。それから，クラス担任がどんな指導してたかっていうと，'お前どこ受けるんや'，'ここ受けます'，'ああそ

うか',そんで終わりなんです。……それと最近と比べますと,やっぱしずいぶん違いまして。生徒1人1人集めて,1人1人と個人面談する時間がものすごく多いですね。進路に対する指導っていうんですか。まあ,1年生の頃ですと,進学するんか就職するんかというところからはじまって。2年ぐらいになると,進学なら,国公立大学とか私立とか。いろんな模試の成績とか見ながらねえ。お前,国公立言うとるけど,ちょっとこれではあかんぞ,とか。

ここでは進学指導は,教員が細部まで生徒を導くことであると考えられている。入試の多様化を指摘した教員の言葉を本節のａでみたが,そこで必要とされていたのもそうした指導であった。

これに対し別の教員は,この進学指導観とは異なる考え方を次のように表現する。

　　（ＡＤでは）できんとこは,あそこ（進学指導室・就職指導室）行って頼んでこい,言うて。……あんたの,たとえば性格はこうこうこんなやから,こんなとこもいいんでないかっていう助言はできる。だから,そういう細かい,たとえば給料いくらくれてっていうふうな指導はしない。……それがＡＤの指導やと思ったんですよ。だから,そういうことの指導を指導やと思わないようになってきたんかな。……進学でも,ここの偏差値はこんだけで,お前の偏差値はこんだけやから,ここ入れんぞ,というのが指導やと思い始めてきたんやないかな。私,ＡＤの指導としてはそんなことじゃないと思って。

こちらの教員は,生徒の性格などを考慮して進路を考え,細かい部分は専門の進学指導室・就職指導室に聞きに行くよう指示することが進学指導だというのである。上の教員がいうような指導が不要というわけではない。そうではなく,それは「ＡＤの指導」ではないというのである。

ホーム制発足当初からＡＤはクラス担任とは異なるものと位置づけられていた。若狭高校の教員の言葉では,クラス担当は「マエ」や「ウエ」に立つ

第6章　「縦割り学級」の学校文化　145

のに対し，ADは「ヨコ」につく。進路指導に関していえば，ADの行う指導は生徒の性格や適性を把握し，生徒と悩みながら，語りながらアドバイスすることであり，就職や受験に関する豊富な情報を与えることではないと考えられていた。しかし，進学状況の複雑化はより専門的な知識を要求する。しかも，希望する進路を実現できるかどうかも提供される進路情報にますます依存するようになる。生徒の性格や適性を十分知った上で「ヨコ」から助言を与えるよりも，専門分化した進路先に関する正確な情報を与えることが，進路指導の役割として重視されるようになったのである。そのために，そうした指導はクラス担任が担当するようになったと考えられる。

7．ホーム制廃止後の若狭高校──教育理念の継承と実践の再構築

　1994（平成6）年3月，若狭高校は綜合縦割りホームルーム制廃止を決定した。この決定には，元校長や元教職員，卒業生などから廃止に対する抗議が寄せられた。ホーム制廃止は地域住民の間でも話題となり，地元紙で何度も取り上げられる一大事件だったのである。

　1994（平成6）年度以降，若狭高校はホーム制の経験を活かしたクラス制を模索することになった。1995（平成7）年に赴任した校長のもと，若狭高校が進むべき3つの方向が示された。1つめは，45年にわたる綜合縦割りホームルーム制の総括。2つめは，ホーム制の実践のなかから抽出された「異質なものへの理解と寛容」という教育理念の継承と発展。このためには，(1)アジア高校生留学制度を新設する，(2)学校行事に可能な限りの「縦割り編成」を導入する，(3)ボランティア活動を積極的に推進する，(4)可能ならば，現在行われている学内討論会を発展させ，同校を関西地域におけるディベート推進の拠点とする，というビジョンが提示された。ホーム制から生まれた「異質なものへの理解と寛容」という言葉がその意味を微妙に変化させながら，今度はホーム制廃止後の同校の実践を導いていくものとなったのである。

　そして3つめは，「きめ細かな進路指導を中核とするクラス制の充実」であった。[11] この「きめ細かな進路指導」が必要だという考え方は，何人もの教員から聞かれた。この言葉は，クラス制に移行した若狭高校での進路指導を

方向づけているものである。聞き取り調査によれば，学年会・学年主任が担当学年の学習の状況を把握し，それに基づいて組織的な指導をしようとしているとのことであった。進学と教務に関わりの深い教員は次のように述べていた。

　　その学年を担当される教師集団のその学年に対する意識というのは非常に高いですから，ですから，自分たちが３年間もっていく生徒の進路ですとかね，そういう点については……情報もたくさんありますしね，やはり，そういうものに基づいて。……うちのホーム制からクラス制へ移行した時点の考え方の１つに，「きめ細かな指導」というのがありますのでねえ，そういう点では，やっぱり，きめ細かいものができるというふうに思うんですけどね。

　また，ホーム制だった頃には教務が担当していたクラス編成に学年会が関与しはじめたことをきっかけとして，従来事務的な仕事が主だった教務が，学力向上・学習指導を意識するようになってきたという。クラス制への移行を契機に教育活動の新しい共働が模索されているのである。
　同じ教員は，「きめ細かな指導」がなぜ必要なのかに答えて次のようにいう。

　　生徒の質の変化だと思うんです。従来ですと，高校への進学率が50％ぐらいの時代でしたらね，そういう指導っちゅうのはなくてもね，彼らは自分で学んでいけた。しかし，最近では……それこそきめ細かく手を入れてやらないと，生徒が進んでいけないという状況があるんですね。

　これによると，生徒が変わったからきめ細かな指導が必要だというのである。この認識は若狭高校の多くの教員に共有されていた。ここでも生徒が実際に変わったかどうかはともかく，少なくとも生徒の質が変わったという認識が活動のありようを変えているのである。
　これを全く異なる次元で考えてみると，「きめ細かな指導」という言葉は

「教養豊かな社会人」の育成を追求し続けてきた若狭高校だからこそ，教育活動の組織化に変化をもたらそうとする際に必要だったといえないだろうか。これは「高校教育とは何か」を問い続け，「ＡＤの指導」による教養人の育成にこだわり続けた若狭高校の教員文化の存在を，逆に浮かび上がらせる言葉なのかもしれない。

8．結　び

　本章では，学校を取り巻く環境の変化や現実としての教育理念が，教員集団の認識と考え方を媒介に，学習指導，進路指導，生活指導の組織化にどのような影響を与えてきたかを考察してきた。以下ではここで得られた知見を簡単にまとめ，そこから示唆されることを指摘しておきたい。

　第1に，科目の選択制にしても，ホームルームでの生徒指導にしても，集団を対象に活動を組織化する場合，日常的な学校生活での基礎的な生徒集団とそこでの人間関係が影響を受けることを明らかにした。近年の高校教育改革の目玉の1つとされた科目選択制について考えてみれば，それは生徒の人間関係と学校生活のありようを基礎づける側面を含んでいるということになる。また，小中学校で生活集団と学習集団を別々に編成することを提案する報告書が出されたが，学習集団もまた「生活集団」になりうるのであるから，この提案にも同様な問題が含まれている。そのような集団編成がそれぞれの集団の働きにどのような影響を与えるかは慎重に検討される必要があろう。

　第2に，教育活動の組織化は，外部環境の変化を直接受けるというよりも，教員集団の教育についての考え方や外部環境についての認識によって枠づけられる部分もあることを明らかにした。そして，とくに若狭高校の事例が示唆しているのは現実としての理念が，外部環境による強制と感じられるものに抵抗する基盤を与えうるものであること，また個人にとっては二者択一的に思われる状況に対しても，組織としての学校は柔軟に対処しうるということである。

　第2の点と関連して第3に，学校のなかで教育理念への関心が持続することによって，組織成員間の議論が継続され，それを通じてつくりだされた学

校に根ざす土着の理論が教育活動の組織化を方向付けることで，教育理念が教育実践に影響を与えうることを指摘した。この土着の理論は各校の特色となる活動を構築していく基盤になりうるものであるが，もう一方で学校の活動を制約するものにもなりうることに注意する必要がある。筆者は高校教育改革の施策の1つである学校間連携事業を実施している学校を訪問する機会があった。学校間連携事業は主に生徒の選択の幅を拡大することを目的に，生徒が複数の学校で科目を履修し単位を取得することを可能にする仕組みである。筆者が訪問したある地域では連携事業について，「自校にない科目でなければ，生徒に他校で履修させることはできない制度である」と解釈されていた。もちろん，自校でも履修できる科目を他校にとりに行かせる場合に様々な問題が生じうるのは確かであるが，別の地域では，そうした履修形態を認める制度運用をすることで成果をあげていたのである。

最後に若狭高校という伝統ある進学校で，生徒の質の変化が指摘されたことにふれておきたい。若狭高校での生徒の変化の真偽はともかく，少子化のなか，伝統的進学校の教員集団の間に従来とは異質な生徒が入学するようになったという認識がひろがることは十分ありうることである。そうだとすると，若狭高校の事例からは，今後同様の学校が直面するであろう課題が示されているのかもしれない。

(付記)

本章は，苅谷剛彦・酒井 朗編著『教育理念と学校組織の社会学「異質なものへの理解と寛容」―縦割りホームルーム制の実践』(学事出版，1999年)，『月刊高校教育』1999年2月増刊号所収の「学校での活動の組織化と集団形成」を加筆・修正したものである。

注
1) 学校組織の社会学的研究については，武内・苅谷・浜名 (1982)，耳塚 (1993) のまとめがある。ただし本稿では高校階層構造についてはほとんどふれていない。本稿の対象校と高校階層構造の関係については，苅谷・酒井 (1999) 所収の冨江英俊の論考を参照されたい。
2) 苅谷・酒井 (1999) はこの研究会の成果である。
3) 1949 (昭和24) 年度には水産科と農林科の生徒もホームに加わっていた。ただし，水産科・農林科については1年生のみであり，ここでは水産科・農林科以外の学科

を中心に検討することにした。なお，水産科は1953年度に，農林科は1958年度にそれぞれ分離・独立した。
4） 1960（昭和35）年の若狭高校の『商業科雑誌』第8号のなかで，当時の同校の教員，浅妻正雄氏は次のように述べている。
「確かに，近年コース・カリキュラムの編成によって各コースの特色の明確化と，教科選択制の大幅な縮少化を行い授業形態として，学年別課程別さらには小コース別の同質的なものの固定化を計りつつあり，特に三十四年度に一段と強化して所謂『クラス』の成立を促したのは事実である」。
5） これは1961（昭和36）年に発行された『若狭高校研究雑誌』第1号に収められた論考である。
6） 竹原利栄他（1972）より再引。
7） 京都の紫野高校による「若狭高校訪問レポート」（1958年），若狭高等学校（1996b）より。
8） 1981・82年度文部省指定研究報告「総合縦割り編成によるホームルームを中心とした生徒指導」。
9） 「三年のクラス担任だけは進路指導がからんでくるので重要視されているが，一，二年のそれは特別なことがない限り名目的な存在となっている」（北川，1977）。
10） もう1つ進学希望率の上昇と密接に関わるものとして，入学してくる生徒の保護者の期待がある。進学指導が重視されるようになった要因として何人もの教員がこれに言及した。学校要覧によれば保護者の職業で会社員・団体役職員の割合が1958（昭和33）年の10.3％から1996（平成8）年の59.0％に至るまで直線的に増大しており，このことの傍証となるであろう。
11） 若狭高等学校（1996b）「本書発刊の経緯と意義について」を参照。

引用・参考文献

苅谷剛彦 1981「学校組織の存立メカニズムに関する研究―高校の階層構造と学校組織」『教育社会学研究』第36集，東洋館出版社，63-73頁

苅谷剛彦・酒井 朗編著 1999『教育理念と学校組織の社会学「異質なものへの理解と寛容」―縦割りホームルーム制の実践』，『月刊高校教育』1999年2月増刊号，学事出版

浜坂昇治 1967 『総合・異質編成のホームルーム―福井県立若狭高等学校の場合』生徒指導実践シリーズ5』文教書院

菊地栄治 1996「高校教育改革の『最前線』」耳塚寛明・樋田大二郎編著『多様化と個性化の潮流をさぐる―高校教育改革の比較教育社会学』『月刊高校教育』1996年11月増刊号，学事出版

北川昭二 1977「たて割ホームルームのよさ，むずかしさ」『月刊ホームルーム』12月号

的場昭二 1967「ホームルームづくりの現代的課題（その2）―ホームルームの認識と出発のために」『若狭高校研究雑誌』第7号
耳塚貴明 1993「学校社会学研究の展開」『教育社会学研究』第52集，東洋館出版社，115-136頁
宮坂哲文 1951『ホームルームの実態調査』野間教育研究所紀要第5輯，講談社
中野定雄 1951「教養人とは」『若狭高校新聞』第22号
竹原利栄他 1972「本校ホーム制の問題点を探る―その1　基本討議の欠如とその背景」
武内　清・苅谷剛彦・浜名陽子 1982「学校社会学の動向」『教育社会学研究』第37集，東洋館出版社，67-82頁
鳥居史郎 1950「縦割りホームルームについて」『若狭高校ＰＴＡ便り』第3号
鳥居史郎 1965「異質に対する理解と寛容について」『若狭高校研究雑誌』Ⅴ
若狭高等学校 1996ａ『若狭高等学校百年史』
若狭高等学校 1996ｂ『「縦割りホームルーム制」の実践』

COLUMN
Number 6

　若狭高校の綜合縦割りホームルーム制を調査する研究会に入ったのは，大学院修士課程に進学して1年目のことだった。当時修士課程の学生は2人の教官の論文指導を受けることができた。その指導教官のうちのお1人が中心となって若狭高校研究会が組織された際，学校組織論に関心を持っていた筆者も参加することにした。

　東京で何回か研究会が開かれた後，夏休みになって小浜に調査に入った。若狭高校の先生方は研究会のメンバーを好意的に受け入れ，そのうえ若狭湾でとれる新鮮な魚介のお店に案内してくれた。指導教官からは「調査がこういうものだとは決して思ってはいけない」と何度もたしなめられた。インタビューイーの中心であった卒業生の方々も調査に協力的だった。東京での調査のことだが，インタビューをお願いした時間に急に仕事が入ってしまったにもかかわらず，移動する車のなかで運転しながら2時間近く話してくれた方もいた。

　それでも調査対象との関係で緊張したことはあった。大学院に入ったばかりで，名刺の受け渡しですら見様見まねだったし，調査をお願いする電話をかける時もずいぶん緊張した。きちんとした手紙の書き方を学んだのはこの時で，学校の先生と手紙のやりとりをするなかで先方に不快な思いをさせてしまったことがきっかけだった。

　データの収集が一段落して，データの整理・分析に入った。データソースはおおよそ，①インタビュー・データ，②学校要覧，③若狭高校教員が学校内外に向けて発表した研究・資料の3つだった。①はもちろん，②や③からもいろいろなことを知ることができたと思う。学校要覧に学年別・性別に書いてある学科別生徒数の数字をひとつひとつ拾ってコンピュータに入力して集計した結果，若狭高校の学科構成が時期によって大幅に変化していたことがわかったときは大きな発見をしたような気分になった。今回は一部しか紹介できなかったが，学校要覧からは，ほかにも校務分掌表の教務や進学，就職担当などの教職員の数をかぞえあげ，学校内でそれらの活動の比重がどのように変化してきたかを捉えることができた。また，進学指導室の助手の方が保存していた資料から，浪人後の進路を学校が把握している卒業生の数をかぞえあげて，進学指導室が積極的に活動するようになってきたことも明らかにできた。

　もちろん，データを整理しても，活用できない場合も多かった。たとえば教育課程表からコースによって履修する内容がどれくらい分化しているか，それがど

のように変化してきたかをたどろうとした。単位数をもとに表計算ソフトであれこれ計算し，ファイルの容量だけが大きくなったが結局うまくいかなかった。しかし，このように試行錯誤をくり返してデータを整理・整形していく作業によって明らかにできることもあることが身にしみてわかった。もっとも，今からみれば自分自身その成果は単純で初歩的なものだったと思われるし，あまりに稚拙な作業に，「そんなことはしてみようとさえ思わない」と指導教官にはあきれられてしまったようである。なお，このとき執筆した論文ではデータを言説として捉えるというよりむしろ事実として捉えることを心がけたのであり，注記の通り本稿はその論文に基づいていることをここでもう一度記しておくことには意味があるだろう。

　この調査の成果はまず若狭高校の百周年記念誌の一部になった。これは調査対象となった若狭高校の方々にはどう受け止められたか。百年史刊行にあたって若狭高校で記念の催しがあったが，修士課程の2年目に入っていた筆者は，修士論文の準備が難航していて参加できなかった。その場で現場の先生方から批判・コメントをもらえなかったのは残念だった。しかし，なんとか博士課程に進学した後，小浜でお世話になった若狭高校の教員のお1人から，東京出張のついでにということで声をかけてもらった。この時のコメントは，学校組織の改編は進学状況に合理的に対応していくだけでなく，教科間の関係をはじめ教員集団内でのさまざまな力関係のなかで決まっていくというものだった。実際には難しかっただろうが，こうした点の情報を集められていれば，組織の変化のありようをより充実したかたちで考察できたのではないかと思うと残念でならない。　　　（荒川　英央）

第7章
学校化社会のなかの「中退問題」

教育困難校の事例から

古賀 正義

「中退は，教育の危機であり，人生の失敗である。」こうした言説のもつ力は大きい。だが，実際に退学した者たちは，この言説と格闘しながら自らの生の実現を模索しなくてはならない。何をどのように語ることで，彼女たちはこの経験を乗りこえ，いまここの生活に意味を見出していくのか。

中退が一部の教育困難校だけの局所的な課題となることで，時に忘れ去られてしまうこうした当事者の声に耳を傾けてみること。その声の意味を，彼女たちと同じ状況に置かれた多くの人々の声と重ね合わせて理解してみること。そこに，事例研究ならではの個々の学校の文脈に応じた物語の世界が理解できるといえよう。

学校化された社会の片隅で，一つの高校と少女との不具合によって生み出された教育の歪みを，聴き取りの作業から浮かび上がらせるエスノグラフィーの試みに，ぜひ同行してみてもらいたい。

第7章

1．局所化する「中退問題」

　あまり知られていないことだが，近年高校の中退率（実数ではない）がじわじわ増加している。90年代前半には全国平均で2％を下回っていたものが，皮肉にも高校制度改革が本格的に動き出した90年代後半から2.5％を上回る状況が続き（02年は2.3％），いまや調査開始以来最高の水準になっている（図表7-1）。改革の目玉といわれた総合学科の高校でも，1994年の1.9％から1999年には3.1％へと大幅に増加している。

　そこで一部の自治体では，政策評価のマニフェスト項目に中退率低下を取り上げ，授業評価の導入や実学的カリキュラムの実施など学校離れに歯止めをかける改革に動き始めている。不登校の生徒などにも門戸を開いた「エンカレッジスクール」の導入が注目される東京都などは，その典型的ケースである。アメリカのチャータースクールが元来ドロップアウト対策から設置された学校であることを思い起こさせるような政策である。

　他方で中退問題は，90年代を通して，単なる学業不振や怠学の産物から継続的な学校不適応の現われへと読み替えられてきた。すなわち，学校内外における人間関係の広範な歪みへとシフトした今日の教育病理状況を踏まえて，中学時代から不登校や学校嫌いの傾向がみられた生徒が，準義務化した高校に入学せざるをえず，その結果として起こっていると指摘された。そのため，90年代半ば以降「不登校・中退」という並立的な記述が新聞などで多用されるようになってきた。

　それは一面で，中退の実態を反映した言説であったといえる。具体的にいえば，入学時からすでに始まる高校1年生での4％を上回る高い中退率，「進路変更」ではなく「学校生活・学業不適応」を事由とする退学者の増大，

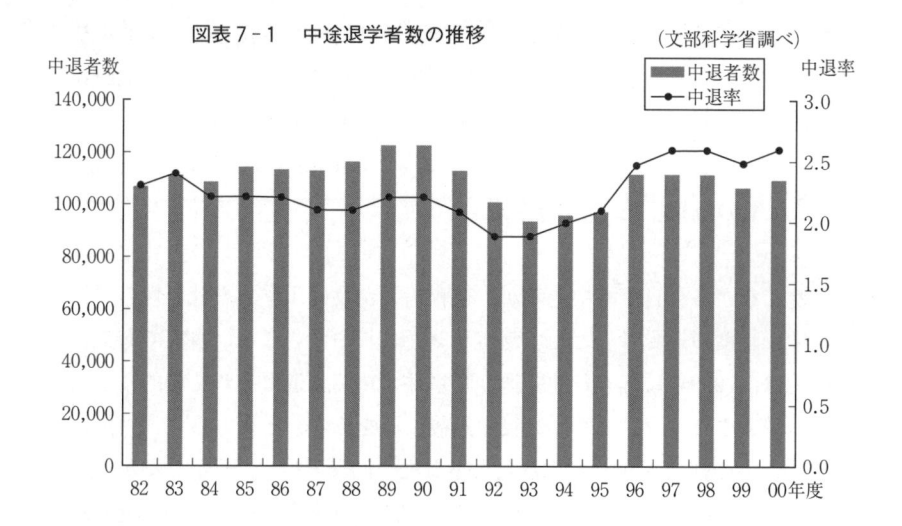

図表7-1　中途退学者数の推移　　　　（文部科学省調べ）

さらには「もともと高校生活に熱意がなかった」といったアスピレーション・クライシスの表明など。そこには，脱学校化していく生徒たちと，それに対処しきれない高校教育の問題性が指摘されている。

加えて「33％の高校に，73％の中退者がいる」（千葉県高教組の HP から）というスローガンが示すように，概して中退は，いわば負のチャーターを課された特定の「課題集中校」に偏在してきた。公開された大阪府の各校中退率（1997年）をみると，中退率1％未満が4割の高校を占めるのに対して，中退率10％以上が1割の高校でみられる。こうした高校は低位な偏差値ランクにあるばかりでなく，職業科や私立校などより有利な進学や就職への期待が乏しく，不本意入学が多い特定の高校に集中しているのである。

実際，ある地方都市での調査も示すように[1]，同一偏差値ランク内でも中退率は学校によって大きく異なり，例えば公立商業科男子校で高率となるなど，学校組織特有な文化の影響もあるためか，局所化しやすい。つまり「中退問題」は，生徒のパーソナリティ問題ばかりでなく，個別学校の存立問題ともなっており，相談活動の充実やインターンシップの活用など指導戦略の適切さ（coping strategies）が評価される課題ともなっている。

もちろん，中退を生徒による学校選択のミスマッチを改善する契機としてとらえ直し，サポート校などの拡大を踏まえて「セカンドチャンス」の可能

第7章　学校化社会のなかの「中退問題」　157

性を模索する動きも少なくない。生涯学習の可能性を重視して，中退をライフコースの迂回的なパターン，いわば「スローなスクーリング」の現われとして改めてニュートラルに解釈し直そうという運動論的な動きもみられる。

2．「人生の危機」としての中退

しかしながら今日でも中退者が，教育指導が及ばず学力や社会性の欠如した「学校制度の逸脱者」としてラベリングされやすいことは事実である。

例えば，1999年に起きた池袋通り魔事件の新聞報道はそれを端的に示している。犯人の青年は，当初「高校中退後，職を転々」と報じられ，中退によって「人生の挫折」がおとずれたとされた（図表7-2）。しかしながら，その後両親の失踪による家庭事情からの，しかも「進学校」からの中退であることが報じられ，改めて本人の「不適応」ではなく「厳しい境遇」に基づく不可避の中退であったことが強調された。こうした経緯をみると，容疑者のプライバシーにことのほか気を配る新聞報道であってさえ，中退の否定的イメージが根強いことをうかがわせる。

他の記事をみても，それは読み取れる。例えば，中退後に漁師として活躍する人の紹介や，退学のきっかけとなった暴走族体験を子どもたちに講話している人の話，あるいは再度大検に挑戦して合格しその体験を本にまとめた人の努力など，時々に中退経験をした人々の生の声が紹介される。そこでも実社会での「挫折」と「立ち直り」という2つの物語が典型的に示されており，学校化された社会との格闘の過去が語られている。いうならば中退という出来事は，「教育の失敗」と「人生の危機」の現われなのである。

だがこうしたまなざしは，多くの中退者によるその後の進路の実態や中退理解の有り様をみえにくくしてきた。例えば文科省調査によれば[2]，中退者の約2割は単位制高校や専門学校など学校復帰の途を選んでおり，景気動向に影響されるものの，約半数の者は何らかの定職についているという。また，「自分から進んでやめた」と自発的な理由から退学したと回答する者は8割弱おり，退学したことを「大変よかった」あるいは「まあよかった」と肯定的に評価する者も6割強に及んでいる。

158

図表7-2　高校中退問題に関する新聞報道の事例

記事の見出し	内　容　抜　粋
＜池袋・通り魔殺人事件の容疑者像＞ 99. 9. 9　高校中退後，職6回変える（時事通信） 99. 9.18　両親が失そう，進学校を中退，職を転々（朝日）	調べに対し，「高校を中退して以降，7年間に仕事を6回かえ，どれも長続きしなかった」と供述。 高校二年で中退した。「大検受けて進学したい」このとき担任にそう話した。
＜中退から「立ち直る」人たち＞ 99. 7.13　脱サラ・高校中退…波越え活気，父島漁師（朝日） 99. 5.16　元暴走族総長　過去が子どもの心開く（朝日） 99. 5.30　目標あれば不安はない「僕の高校中退マニュアル」の稲泉連さんに聞く（読売）	小川剛さん（24）は，…高校を二年で中退し，築地市場や建設会社を転々として働いた。三年前，漁師の募集に申し込んだ。 （伊藤さんは，）高校を途中でやめてから，暴力団組員を慕って，家に帰らないことが多くなった…が，その後（立ち直る）。 高校に通うのがつらくなり，一年生の秋に中退。…友人たちの「周囲と違うことをするのを許さない雰囲気」が嫌で。
＜教育行政の実態報告と対策＞ 99. 8. 4　昨年度の高校中退者，最多に県教委「進学目的を明確に」／栃木（朝日） 99. 5.22　高校中退者数を公開　学校名も明示　大阪府教委（朝日）	県立，私立高校ともに中退者数と中退率が，過去最多となった。学年別では一年生での中退が全体の46％と最も多い。 155校ある府立高校（全日制）について，…卒業までの三年間で最大25％が退学し，中退率が10％以上の高校も16校。

　中退者への聞き取りでも，一方で「世間体が気になったり，学校にもう一度行きたいという気持ちになることもある」といった後悔の声があるものの，「流れにまかせて家出をし学校をやめて，ドン底の生活をしてきたからこそ，現在の生活が楽しく思える」，「多くの教師がやめさせたがっているようで冷たく意欲を失って退学したが，将来は職人になりたいと考えている」など改めて進路転換を前向きに理解しようとする声が多い。

　「中退」は，在学の抹消という事実そのものを示しており，経済的困窮による非自発的退学（不況下でも少数である）から，問題行動による懲罰的な退学，友人関係や勉学など学校生活への不適応による退学まで，広範な動機と背景によって生み出された社会的出来事である。この点で「中退問題」を個人の問題行動を超えて，学校・教師の組織や教育制度などを背景とした「複雑な社会過程の構造的生成物」[3]として位置づけ理解しようとする姿勢は依然希薄なのである。

第7章　学校化社会のなかの「中退問題」　159

つまり従来の研究は個人に対する心理主義的で改良主義的な問題設定に偏り，中退者個々人やそれを取り巻く人々（在校生，教師，保護者など）がこの問題をどのような社会的出来事として理解し，それにどのように対応しようとしてきたのか，いわば「学校トラブル」の構築過程を理解する視点に欠けてきた。すなわち中退を退学者問題として「個人化」することにより，多くの「中退問題」が生成されてきた個別学校＝課題集中校を取り巻く教育さらには社会の構造を見落としてきたといえる。常識化した中退の病理的理解と現実の中退者たちの退学を正当化する認識との「ズレ」を指摘することが充分でなかったのも，このゆえであるといえよう。

3．事例研究のねらい

そこでここでは，「中退問題」一般を論じるスタンスをいったんやめて，ある1つの学校で，しかも突出して高い中退率を示してきた課題集中校（教育困難校）で事例研究に取り組んでみることにした。この学校は，古い歴史を持つ私立高校であるが，公立優位の地域事情と職業科を中心とした学科設置などにより，高校ランクの最下位に位置づけられてきた。実際1年生の職業科では1割強の生徒が退学し，この地方都市で1学級の在籍数が最も少ない学校となっている。また，全校アンケートで「退学しようと思う」と回答する生徒は，すべての学年で全体の3分の2を上回っていた。[4]

調査研究は1998年から2003年まで，筆者が学校評価アンケートの実施者として時々に学校を訪問し参与観察するという方法でおこなわれた。許可をえた時にはカセットテープで録音し再現性を保証したが，基本的にはフィールドノーツへの記録を中心にした。また，インフォーマントとして教務主任教師に調査の意図を伝え，協力をあおいだ。

この調査では，学校内外のさまざまな立場にある人に聞き取りやアンケート調査を実施することを重視した。退学を肯定する生徒と否定する生徒（在校生），さらにはすでに退学してしまった生徒，また学校の管理的な立場の教師と新参の教師など，同じ問題が立場によってどのように異なって理解されうるのか，それはなぜかを読み解こうと試みた。

そのため，ドミナント（支配的）で常識的な退学問題の語りより，オルタナティブ（選択的）で時に個人的な見解とも思えるような語りにも耳を傾けるように努めた。こうしたスタンスは，問題の原因や解決ではなく，問題の現在の展開や今後の解消を求めるナラティブ・セラピーのそれとも共通するものがある。ある問題がこの場でどのように読み替えられていくのかを，当事者の声から知ろうとする姿勢，いわば「無知の姿勢」である。

同時に，問題が多発する個別具体的な学校の文脈にも注意を向けた。例えば，学校経営の方針は歴代の校長によってかなり異なり，90年代半ばの放任自由な指導方針から2000年前後には管理統制的指導への転換が求められた。これが，制服着用に対する指導を変えるなど，生徒にも目にみえる指導方針の変化であったという。また同時に，退学の常態化が起こることで，在学者も退学を身近な仲間の出来事として理解する機会が増え，入学時から学校生活の日常的な話題として扱われることが多かったという。

以下では，A子というある退学者の語りを入り口としながら，中退の理解を構成する3つの社会的要因について考察し，その背後にある現場の人々の学校理解や社会経済環境，人間関係などの特徴を検討していきたい。その際，他の在校生や教師，保護者などの語りと対比しながら，退学者の問題理解にみられる特徴，いいかえれば退学という出来事を回顧し物語に制作していく方略を，多声的な視点から読み解いてみたい。

本調査で接触できた退学者は，数名にしかならなかった。住所や電話番号の変更などがあり，追跡が困難だったためである。そうした状況のなかでも，さまざまな機縁で話を聞くことができた。A子はそのなかで好意的に聞き取りに応じてくれ，長時間のインタビューに付き合ってくれた唯一の被調査者であった。その点を付け加えておきたい。

4．生活スタイルの矛盾のなかの退学

A子は職業科に在籍し，2年生で自主退学した。「目的がみつからないまま，なんとなくやめた」といまは語る。建設関係の仕事につく父とその4人家族の子女として，この地方都市で生まれた。公立高校生徒数の制約で市外

から流入する生徒が多いこの学校で，彼女は同市内の地元中学校を卒業し進学してきた。中学時代の成績はクラスの下位であったが，極度の長期欠席や怠学などはなかったと語っている。また，退学するまでの高校生活で，停学などの処分を受けたことは一切ないという。

本人の言い方では「いまは，フリーター」である。定職にはついておらず，友だちに紹介されて，ガソリンスタンドやコンビニなど何度か職場を変えてきた。その後，ホテル内でのさまざまな仕事などをまかされて，常勤の形で働いてきたという。給与はそれほどいいわけではないが悪くはないと評価する。

体型が太めなことがやや気になるというが，いわば「コギャル」のような派手なファッションは好まないと話す。茶髪や厚底などは絶対やらないと主張する。インタビュー時の服装も黒の上下のパンツ姿で，一見すれば地味な野暮ったいとさえいえる外見であった。話し方も訥々としていて，雄弁とはいえない。

機縁法による被調査者との出会いで，聞き取りが実現した。退学の事実を確認した後，その理由をたずねてみると，あまり明確な答えは返ってこなかった。むしろ在学中の断片的な思い出が語られた。

まず話し始めてくれたのは，日々の通学の大変さと学校生活との関連であった。

　　筆者；　どうしてやめたの。
　　中退者；　（校則が）厳しくて，ちゃんと学校に行くのが大変だった。遅刻できないから，（先生に）すぐ注意されるし。……朝，早くから起きて，（学校に）通うんだけど，学校まで遠かったから。バスを乗り継いでいかないといけないから。Y駅でおりて，地下鉄。1時間じゃ着かないよ。もっともっと。毎日，たいへん。……最初は，親がY区の○○に住んでいたから学校まで結構近かったんだけどー。（親が勝手に）引っ越しちゃって，アパート変わっちゃって。Z区の○○になったの。（この家賃が）安いからいいとか，（親が）いって。それで（学校からどんどん）遠くなって。……最初は（ちゃんと）起きてたけど，だんだん

（朝，いくのが）いやになって。（学校行くの）めんどくさいーって。ちょっと休んじゃって。……（昼間）家のなかにいて。（両方の）親も（昼間）働いてるから，ひとりで（ゆっくりと）い（られ）て。いい感じで。……いまは夜働く感じで，（朝起きるのと違って）その方がいいっていうか。体に合うみたい。（大変じゃない？）ううん，……。

「朝起きる」＝時間厳守ということは学校生活の基本である。学校の生活スタイルに合わせなければ，就学は継続できない。しかし，一度欠席してみた時，彼女は意外な家庭の居場所としての機能に気がつく。いつもは家族と共有している狭い生活空間が自由に使える。親の監視もない家庭空間の充足がある。

夜間の就労も，こうした生活の延長線上にあると解釈される。なぜなら，夜の労働は収入を増やす源となり，同時に昼間の場の確保ともなる。いわば限られた生活環境の充実ということに，夜型の生活スタイルが連動してしまう。

また他方で「遅刻取締り」は，仕方ない規則と容認されながらも，教師の指導者的な態度を感じその人間関係に歪みを生む入り口にもなっている。今日単位制高校などが，こうした生活スタイルに配慮したフレックスタイムの学校生活に踏み込んでいるように，身体化された学校文化の型がこうした遅刻対策に体現されている。欠席はそれからの逃避でもある。

概して退学が教師からは「フェイド・アウト」として，つまり学校という場から生徒がしだいに消え去っていくというイメージで語られるのも，こうした欠席が頻出するためであろう。

普通科教師； 入ってからちゃんとやってて，クラスでも目立ったなくて，まじめで，しゃべらなくて。成績も悪くない，普通。それが急に休みだして来なくなって。……どの先生もいいますね。（教師に）逆らうぐらい元気があるのはやめないって。

まじめで学校に適応してきたと思われる生徒が欠席を重ねて，学校から遠

ざかっていく。むしろ反抗的で学校の規範を直接破るような生徒は，教師にとって処遇しにくいことはあっても，自ら退学しない。教師からは，退学の逸脱するイメージとは異なった自閉的な生徒像がたびたび語られる。[6]

とはいえ，こうした特徴が不登校の延長にある生徒の不適応であるとはいえない。この学校でも99年から中学時代から不登校の生徒を受け入れているが，それは少子化による出願者減少への経営的配慮からであった。

　普通科ベテラン教師；　クラスの生徒もだんだん減ってるということで，試しにとってみようかというので。それまで推薦書で休みが多いと面接で聞いたり，だめにしてたんですけど，とるようにして。……でも，入学式しか来なかったという子もいますし。やっぱり難しいですね。
　職業科1年生（退学意志あり）；　入ってすぐやめた子もいる。私は，やめなかったよ。がまんしたの。

もちろんこの学校でも，潜在的な不登校傾向を抱えた生徒がいることを避けることはできない。そうした配慮が成績を上回るような入試段階での欠席日数へのこだわりともなってきた。そこには，退学と学校不適応との関連付けが存在している。

だが，実際，それだけでは読み解ききれない曖昧な「理由なき退学」が存在することを，教師たちは認識している。いわば生活習慣の乱れ，小さなきっかけからも退学が起こりうることを知っているからである。

それゆえ退学が，高卒資格を失い市民的素養を身に付けられないというリスクを負うとしても，また経済的退学を避ける奨学制度などへの生徒の理解を伴ったうえであるなら，退学を否定できないという見方が生じる。自覚的な意思決定であるならばそれを尊重せざるをえないというアイロニカルな認識である。

　職業科若手教師；　去年やめた子がいて，ガススタで働いているから，（学校に）寄ってみたなんていって。やめて明るくなって，学校とか家からも自由になってね。いいっていうケースもあるんですよ。学校で会

えば暗い顔して，何を考えてるんだろうって感じだったのが，明るくなって。……初めて自分が決めたことだった。親がなんでもやってしまうから，って……。

　ここでは退学が決して肯定されているのではない。生徒の家庭訪問や面談など個別指導を繰り返した格闘の結果として，「自己決定的な退学」を個の自立の一歩とみていきたいという教師のまなざしが生成しているのである。管理的な立場の教師には学校経営の観点からタブーとなる語り（「いまどき高校ぐらい出ておかないと」）であっても，この若手教師は退学者との触れ合いのなかから彼らの新たな物語を読み取ろうとしている。
　そこにはただ学校に順応するだけでなく自発的に行動する生徒像を求める教師の声がある。在学者の「心の成長」という観点からも自発性を強調するのは，社会性を欠くなかばオタク的な生徒のあり方への将来的な不安があるからである。

　教務主任教師；　この前卒業生を会社訪問したんです。そしたら，3か月でやめた子がいたんです。学校ではまじめだし，ワープロ打ちはうまいし，いい子だって送り出した子なんです。……（職場で，計算の意味を）だから「なぜ」「どうして」と聞かれるとわからなくなって，自信をなくしちゃうんだって。でもそれじゃ，社会に出て使いものにならないでしょう。

　だからといって，教師にとって，学校での反抗や無秩序な振る舞いを容認することはできない。それは，過去にも授業不成立や非行行為などに悩まされ，いまでもそうした生徒の処遇に対処する指導を実践しているからだ。退学する生徒の事例は，こうした浮遊と自閉という異なるベクトルへの対応という困難な課題を，教師に提起している。
　改めて先のA子の語りを振り返っておこう。そこには，家賃の事情で子どもの通学にさえ配慮しない親への不満とそれでも心理的経済的に依存していく姿があった。家庭へのメッセージとして，家庭生活の延長線上に退学問題

はある。また他方で退学の影響が，フリーターとしての就労の余禄や限界としても理解されていた。このようにみれば「学校教育問題」だけにとどまらない，退学の「社会環境問題」としての重層的な側面を，この語りは提示しているといえる。

いいかえれば退学は，学校・家庭・職場のそれぞれの力学からも生じており，ライフスタイルの歪みとしても解釈可能なのである。それは，学校が勉学や交友の場としてあることとは別に，生活の時間や場を枠付ける存在としてもクローズアップされていることを意味している。

5．高校のネガティブ・チャーターとのせめぎ合いとしての退学

では，A子がこの高校を選択し進学してきた理由はどのようなものであったのだろうか。インタビュー記録からは，学校の社会的レッテルと向き合いながら進学してきた彼女の経緯が読み取れる。

  筆者；　なぜこの高校に入ったの。
  中退者；　（中学では，）内申が悪かったから。公立は無理だった。女子校に行く人も多かったから。ほかになかったし。（単願推薦とかも）ダメで。まあいいかなあ，と。……最初に行った時は，結構いい感じだった。楽しそうだったし，（仲間もいたの）。でも。だんだん（そういう人も）いなくなって。……また行きたいとは（あまり）思わないよ。……でも，ね。親も（学校に行っても行かなくても）どっちでもいいみたいな（感じだったし）。……（ここの生徒は悪く）いわれる時もあったけど，そうじゃないの。でもそう思ってる人，多いから。（X校生だと）みられちゃうから。

「悪くいわれる」＝学力の不足というメッセージは，偏差値ランクのなかでレッテルされ不本意に入学したこの高校の位置づけを示していると受け止められるが，それだけでは不充分である。退学者にとっては，時として考え話し振舞うような生活能力あるいは職務能力の不足まで突きつけられること

と感じられるようだ。

　そこへの抵抗は，現在の自分の社会生活を支え活用している能力を踏まえて，まったく根拠なく周囲から否定されてしまう能力観へのアンチテーゼとしてある。それは自己の存在証明でもあり，現場で発揮される自分自身の能力に対する自信や誇示でもあるのだ。例えば，ホテルで充分に仕事ができる自分の姿を，退学後には経験もしている。

　こうした学校歴社会のまなざしの理解は，X高校に入り地方都市の日常を送ることで，いっそう強化される。特に制服はそのシンボルともなっているようだ。それは単なる学校へのルサンチマンというのではない。こうした学校のネガティブ・チャーター（否定的な社会評価）と自己とのせめぎ合いが，退学の意味付けの核心に依然残存してしまうということである。

　もちろんここでは「この高校の生活」への外部からの視線が嫌われても，決して「高校制度の意義」が軽視されるのではない。それは，この高校でも進学クラスと退学者を多数算出する職業科クラスでは人々のまなざしが異なっており，差異的に処遇される機会が多いからである。

　しかもこのレッテルは，モラルの欠如や非行への基盤とみなされ，周囲のX校生への信頼を揺るがせていく。そのため，「人格の歪み」といったニュアンスを含みこんで理解されてしまうことさえある。

　　総務担当ベテラン教師；　よくいろいろなところから苦情がくるんですね。マナーが悪いって。お宅の生徒だって。……近所の商店とかコンビニとかからもきます。生徒のなかには，何も盗んでないのに疑われたとか，ただふらふらしてるだけで店の人に声かけられた。「悔しい」という子もいます。

　こうして「学習指導は6時間座っていられる生活の指導」といったフレーズが使われるように，学力の不足を補うこと以上に，よりモラルを矯正することが教師の職務と思われていく。そこに教育実践の経営的な「ウリ」を求めて，ボランティアや奉仕活動の励行や問題行動の予防学習などがカリキュラムに特別に組み込まれていくことにもなっている。例えば老人ホームの慰

問，あるいは麻薬経験のあるダルク（回復施設）の人の講演会などは，その具体的事例である。
　ところが，それは生徒の生活実感とは必ずしも一致せず，むしろこの学校の抱えるネガティブ・チャーター（世間の否定的評価）の強固さをより感じとらせることにさえなってしまう。

　　普通科ベテラン教師；　麻薬の常習から立ち直った方をお呼びして，講演していただいたんです。皆，緊張して聞いてて，終わってから「ためになった」って質問したら，怖かったって。気持ち悪くなったって，いって。……あの人はいい人なのになんで，やったんだろうとか。随分，遠い感じで聞いてたみたいで。

　もちろん，教師の秩序維持的な教育指導やその現われとしての厳しい校則，楽しくない授業への不満は根強い。教師の指導力や人格に対する批判もある。しかしながら，それは在学者全体にもある傾向であって，退学指向の生徒だけにみられることではない。退学者であっても，個々の教師を好意的に評価することはある。
　一方で，退学指向の生徒は，この学校チャーターへの受容と反発を感じとりながら，学校外部に生活の世界を広げていこうとする場合もある。例えばアルバイトや他校の友人とのネットワークを広げていくことによって，友人や先輩などとの緩やかな関わりが形成され，フリーター的な職業のリクルート源として寄与していくこともある。
　他方で，親と自分とのパラサイト的な家庭生活の関係をいっそう構築していくこともある。例えば，Ａ子の親が家での生活に干渉せず，むしろ無関心であったように，である。
　あるいは，以下の語りのように，中退という事実が親子関係を揺るがせることもある。そのため，在学する以上に，ネガティブな学校の評価と自己とのせめぎ合いが続くこともある。

　　別な中退者の保護者；　（電話でのインタビューに対して）もうそういう

こと聞かないでください。ここは，田舎だからね。……もういいんです。やめたんですから。行ってないんですから。へんなこと聞かないでください。

　ここまでみれば，学校のチャーターとの格闘は，必ずしも高校の存在の否定ではない。むしろ退学後のアイデンティティや生きられる場の模索である。いいかえれば，この学校を通した自己証明を作り変えること，再構築なのである。
　この学校では，校名を再検討して組織改革を推進することになった。学校に付されたチャーターとの闘いは，学校自身の課題でもあり，教育困難校の生き残り戦略でもある。そして，退学者であれ在学者であれ，この固有なレッテルとのせめぎ合いを無視して学校経験を理解することは難しい。

6．社会関係資源の転換としての退学

　それでは，退学者は，学校をやめることによってどのような問題に直面していくのだろうか。

　　筆者；　退学してから変わったことは何。
　　中退者；　いまのところ（職場）は，（勤めて，数か月だけど，）おばちゃんたちが（とっても）いい人で，おしゃべりとかしてると面白い時もあるから，いいかな。面白いテレビのこととか，話すし，楽しい。話してると楽しい。……でも，友だちとは遊べなくなったね。話すことも違ってくるから。あまりね。別な友だちもいるからね。（X校の子たち）だけじゃないでしょ。……（こっちも，友だちに）いわないし。いっても話が合わないというか，わかんないというか。……寂しいとかは，（ぜんぜん）ないけど。

　「おしゃべり」＝語り合う交友の場は，ストレス発散や情報交換の手段として，この世代の少女にとって大きな資源である。持つべきものは仲間であ

り，いまの場でそうした関わりを維持し獲得しようと努めてもいる。

　学校は，依然として友人の供給源として大きな役割を果たしている。そのことが「おばちゃん」という異世代との関わりと対比させながら，フリーターとしての仮の職場での関わりの限界や人間関係の狭まりを，学校の社会関係からの切り離しとして意識させている。それは，困ったことであるが，だからといって深刻になることでもなく，したたかに生きていこうと考え直すのである。

　他方で，職場といった新たな緊張した人間関係の世界に入ることを学校世界からの脱皮や成長として語ろうともしている。職場の出会いは，特別なニュアンスを持っていて，年長者たちの処世に長け現実をみた生き方に共感もしていく。いわば「大人になった」という実感もそこにはある。

　ここにみられる同世代の仲間との社交への期待は，多くの退学指向の在校生たちからもたびたび語られるものである。いわば，社会関係の資源の中核でもある。

　　1年生普通科生（退学意志あり）；　女子校だから，楽に生活できる。ありのままの自分をポンとだせる。……中学の時は遠慮がちになっちゃってた。いまよりずっと。家は楽しくないから学校がいいな。……やめたい時，時にはあるかな。やめたのはいつもメチャメチャ明るい子。たまに逆ギレしてた。

　ここで，在学生は自分の退学を否定しながらも，明るく行動的であるがゆえの友人に訪れた中退の顛末を残念がっていた。「明るさ」を共有することこそが，ここの生徒たちの社交にとって必須な要件だという。

　退学は，こうした仲間のネットワークの癒し作用を無化してしまう。気の置けない居場所の存在は，学校に大きな魅力を与えているのだが，退学はその基盤を崩してしまうのである。そこに，学校世界の喪失を感じる者もいる。

　このことは，退学者の生活世界において，同世代の交友のポジショニングが困難になることを意味している。孤独感を口にすることと自立や自己決定に自信をみせることとは，かなりの程度で表裏の関係になっている。学校以

外に少女がフェーストゥフェイスで語り合い集団を構築する場は乏しく，飲み屋や盛り場などで関わりあって行くことは，可能性としてはあっても，現実には継続性のない一時凌ぎの場にすぎない。無論，彼氏との関わりがあって，そこに語らいの場を持つ場合もあるが，この退学者A子にはそうした機会はなく，数少ない家族との語らいが大きな比重を占めるという。

もちろん，仲間にいじめられた生徒もいる。そこでは会いたくもない仲間もいたという。その点で，関係の喪失は時に肯定されるものでもある。特に，島宇宙というような限られた友だちだけを大切にする者にとっては，「不要な友」もいる。

そうであっても退学は，こうした仲間を介した自己証明の機会を喪失するもの，あるいは新たに別な関係を構築する機会ととらえられている。これは在学生にあっても，同様であり，小規模化する友人のネットワークに参加したか参加できたか否かで，学校生活の評価と自己の役割の評価が変化するとさえいえるという。

そのため，「退学しない」という事実は，生徒アイデンティティを保障し，仲間関係に信頼を寄せる姿勢とも読み取られていく。A子のような退学者の事例では，従来の学校での交友関係を細々とでも持続していくことが，依然大事にされているようにみえた。

7．「退学問題」を読み変える生徒たち

結論をまとめてみれば，退学した生徒の中退認識は否定的なものとはなっていかない。前向きなある選択と解釈される。その背景にはおおまかにいって，
　① 自己の社会文化環境に即したライフスタイルの維持と転換
　② 学校の負のチャーターの保持と脱却
　③ 学校経験を介した交友に関する社会関係資源の残存と離脱
がみとめられた。

そこには，退学を学習機会の喪失や学歴取得の失敗などから理解するまなざしとは明らかに異なる視点が存在していた。それは，学校を人間関係や生

活のスタイルを枠付ける構造と読み取り，それに対して自ら感情移入していく理解の方法である。人と人とのつながりの変化に退学の意味を重ね合わせるのである。A子らの語りに，こうした方法を読み取ることができよう。

それは，一面でいまここ的な現状追認的な生き方ともとれるが，彼らの現在置かれた社会環境からの戦略的な選択，有意義な自己正当化ともみえた。その点で，中退という出来事に対する理解の再構築作業が，退学者らによって確実におこなわれていることが例証されたといえよう。もちろんここでは一例のケースを紹介しただけだが，他のケースでも同様な再構築過程の構造が存在するものと思われた。

さらに参与観察の結果から，この学校では，在校生や教師たちも，密やかにだが，こうした再構築の視点を語っており，中退の解釈が肯定的ともなりうるようなエピソードが校内で流通されていることも確認された。一面でそれはこの高校の教育実践におけるジレンマ，すなわち学力向上を期待しながら社会性の育成を主眼とせざるをえず，そうでありながらその育成の適合的な指導方略を見出しかねているという状況の産物でもある。同時に，退学の増幅過程を歴史的に体験したことから蓄積されたこの学校現場に特異な理解の方法であるとも思われた。

クリティカル・エスノグラフィーの立場に立つファイン (Fine, M.) は，中退をすぐさま教育の失敗とする世間のまなざしから離れて，その認識作用（フレーミング）自体の分析に取り組んでいる[7]。中退問題は，学校化社会のなかでの，人々のスクーリングに対する正当化のイデオロギーや逸脱者の排除の方法を端的にあらわしているとみられるからである。

彼は，中退の語られ方を分析して，人々によって教育機会の平等性が強調されている一方で，実際には中退者が置かれている地域や家庭環境のなかでは，獲得した教育成果を活用するチャンスがほとんどないことを指摘している。いいかえれば，教育と学歴の獲得が，本人の社会移動や生活の豊かさにつながらない環境に置かれた生徒たちが多数いるという。そして，中退が個人の問題行動に還元されることで，こうした抑圧的事実が隠蔽されてしまうことを批判している。

ここで彼は，周囲にいる人々と日常的に語り合うことで，生徒たちが退学

への意味付けを転換していく過程が存在していることを指摘している。学校の伝達する知識や技能が自分自身の就業に求められる能力やチャンスと異質なものであると認識する日常世界に，生徒たちは埋め込まれているという。

　またセファ・デイら（Sefa Dei, G. J. et al）も，インタビューを通して，多くの生徒たちが，中退と低学力や反社会性とを結びつけた解釈を拒絶し，自らが選択しうる社会的チャンスとの関連から中退を積極的な選択としてとらえ直そうとしていくことに着目している[8]。

　中退者は，多くの場合，自分自身の能力の低さや意思決定の誤りを指摘する世の中の見方に対して抵抗していくが，彼らによればその正当化の過程は，単に根拠のない夢物語を語るというのではなく，自らの手元の経験の資源を有効に活用するためのリアルな戦略を示すものになっているという。例えば，強い肉体を持つことの方が生活に応用できない余分な知識より役に立つことを，地域成員や家族などとの生活のなかから学習する。いわば問題の読み替えは，有益な自己サバイバルの手段でもあるという。

　こうした見方に立てば，本調査の中退者や生徒たちも多くのハンデを抱えながらも，この学校を通りすぎた経験から自己のアイデンティティを構築する実践に挑んでいたと理解できる。

　その点で，まず問題視すべきなのは，彼らが高校の制度や学歴一般を否定しているのではないことである。いいかえれば，問題とされていたのは，この個別な学校で体験した高校生活のイメージとの葛藤であり，中退が引き起こす生活の変化の受容である。しかもそれは常に，いまここの生活世界を生きるなかで，あくまでも遡及的な解釈として，中退の意味を読み替える実践でなくてはならなかった。

　「中退」というカテゴリーは，こうした教育経験の特質を言語化しそのマネージメントをする核として，いまここで生きている社会の現場のあり方を組織化して語る1つの方略として重要であった。なぜならば，それによってこれからの生のあり方が展望されていく起点ができあがるからである。とはいえ，こうした聞き取り調査で，A子も改めて退学経験を振り返ったとみられるように，こうした過程がどの生徒にも存在するわけではない。

　他方で，いまでも「中退」は，こうした困難校の文脈を共有しない人にと

っては、「逸脱のレッテル」そのものであり、それ以外ではない。先に述べた別な中退者の保護者による筆者に対する厳しい批判はそれを示していた。こうした認識のヘゲモニー（権力）は大きく、容易に払拭されてはいかない。せめぎ合う退学観の渦中に、当事者として中退者やそのまわりの人々が投げ込まれているのだ。

こうみると、現在中退者の教育経験を再構成するための「ギビングボイス」（声なき声）が学校に関係する人々はもとより、さまざまな立場にある大人世代によって発せられることが要請されていると思える。個々の学校の文脈からの知見に拠りながら、中退問題の重層的な理解や異なる解釈を立ち上げていくこと、決して「人生の危機」や「教育の失敗」とはいいきれない中退問題が多数存在していることを、いわば「学校不適応の事例」という枠組みからでない退学理解を今後も提示していかなくてはならないだろう。

局域化し多くの学校に関わる人々に無縁にみえる中退問題は、学校化社会のなかを生き抜く生徒たちに対する「みえざる圧力」の存在を、改めて浮き彫りにしているのである。

（追記）
本稿は、拙稿 2003「『中退問題』関するディスコース分析（第二次報告）」『宮城教育大学紀要』38巻に大幅な加筆と修正を加えたものである。

注
1）拙稿 1999「『中退問題』に関するディスコース分析（第一次報告）」『宮城教育大学紀要』34巻。
2）文部省 1998『高等学校中途退学者進路状況等調査報告書』。
3）Fine, M. 1991 'Framing Dropouts' Suny.
4）拙稿 1999 前掲論文。
5）野口裕二 2002『物語としてのケア』医学書院。
6）拙稿 2001『〈教えること〉のエスノグラフィー』金子書房。
7）Fine, M. oc pit.
8）Sefa Dei, G. J. et al 1996 'Reconstructing Drop-out' University of Tronto Press.

COLUMN
Number 7

困難校でのインタビュー：幼稚園教師の初めての経験

　今，女子高生というと，何となくマスコミが描いているような「コギャル」イメージが先行しがちだが，今回この私立女子校でインタビューに応じてくれたのは，どちらかというと地味で，素朴な印象を受ける子たちだった。
　初めは緊張気味だったが，話をしているうちにすぐに慣れてきて，家族のこと，友達のこと，学校のことなど，いろいろな話をしてくれるようになってきた。初めて会う私にも，それほど抵抗なく話をしてくれるのは，現代の高校生の特徴なのかなと思いながら聞いていた。実際，とても「中退」問題の多い高校の生徒とは思えなかった。
　しかし，彼女の話を聞いているうちに，「あまり高校生活を楽しんでいるようではないが，なぜだろう」という疑問がわいてきた。はじめは学校に通うので精一杯なのか（彼女は，バスで1時間半かけて通っているとのことだった）とも思ったが，どうもそれだけではないようだった。また，「別に」「まあまあ」というような曖昧な言葉が多いのも気になっていた。何がそのように感じさせるのか，その時は分からなかったが，インタビューを終えた後，テープを何度も聞き返しているうちに，彼女の高校生活に対する受動的な姿勢が，そのような印象を与える1つの要因ではないかと思えてきた。
　ここに，インタビューの一部を引用する。

　　筆者；　好きな先生とか，いる。
　　生徒；　あぁ……好きっていうか，普通な人が多いですね。
　　筆者；　特に好きじゃなくて，普通な先生。
　　生徒；　はい，別に嫌いでもないし，好きでもないみたいな……。
　　筆者；　特に，この先生いいなとか，この先生ならある程度話せるなとか。
　　生徒；　あ，話すのは，話してもどうせ何にも変わらないと思いますから。
　　筆者；　それは悩みを話しても別に力になってくれるわけでもないとか。
　　生徒；　頑張ってくれているのは分かるんだけど，状況はあまり変わらないという……。あきらめというか，それだったら最初から話さない方がいいかなと思う。
　　筆者；　話したことはあるの。
　　生徒；　私は別に何もないんで話したことはないんですけど，友達が話をし

第7章　学校化社会のなかの「中退問題」　175

て，別に状況が変わらないんで。あんまり話さない方がいいのかなって。先生はいい人だから，あんまり心配かけるとかわいそうな感じがして，あまり話したくない。嫌いな先生はいるけど，別に担任っていうわけでもないし。
筆者；　担任の先生は一番かかわりは多いんだよね。でも特に困ったことがあっても相談はあまりしない。
生徒；　そうですね。あんまりしない。
筆者；　近寄りがたい。
生徒；　そういう訳じゃないんですけど。
筆者；　中学校は。
生徒；　高校よりももっと信用していないというか。あんまり近づきたくないというか，そういうのはありました。
筆者；　小学校は。
生徒；　すごく好きな先生いたんですよ，何でもしゃべれるみたいな。怒るときはすごい怒るんだけど，普通にしているときはすごくやさしい先生がいたんですよ。その先生は，すごく好きだった。
筆者；　高校でもそういう先生がいたら，もっと自分からも近づいていきたいなと思う。
生徒；　あぁ，そういうのもありますね。同じ先生がいたらなぁって思う。
筆者；　高校の授業はどう。
生徒；　あぁ何か，クラスが2組に別れるんですよ。最初は基本が出来ている人と出来ていない人とに別れるんですけど，基本が出来ていない人のクラスにいて，その時はまだ分かった。だけど，(クラスが)変わってから全然分からなくなってしまった。先生の教え方が悪いって言うか……。分からないところを先生に聞いたら……。あ，なんか聞いても分からない。
筆者；　前のクラスに戻りたいなぁっていう……。
生徒；　あぁ，もう断然戻りたいです。
筆者；　それは言えないの。
生徒；　何か，変わんないとかって……。言っても無理だから……。

　教師や学校に対して，特にこれといって意見や反発はもっていないものの，「(数学が分からなくなったのは) 先生の教え方が悪いから」「先生に (悩みなどを) 話してもどうにもならないから，話そうとは思わない」などと，教師に対する心理的な距離が感じられる言葉が聞かれる。「言っても無理だから」と，今ある状況を変えようとしない受動的な姿勢は，この学校での教師との日々のやりとりのなかだけで作られたものなのだろうか。
　私は，今まで幼稚園の教師として，幼児教育を専門としてきたため，高校生と

いうと，自分の高校時代の記憶と新聞やテレビ，雑誌などで得られる情報から形作られた高校生像しかなかった。今回初めて教育困難を抱えるといわれるこの学校でインタビューをする機会を与えてもらい，実際にいろいろ話を聞くことができて，今まで自分が偏った見方をしていたということを強く感じた。

　一見，真面目に楽しく高校生活を送っているように見える子が，話を聞いてみるといろいろな不満やあきらめの気持ちを抱いていることが分かったり，学校として，教師として考えていかなければならないと思われるようなことが話のなかから見えてきたりと，アンケート調査だけでは知り得ない高校生や学校の一端を実感することができたように思う。

　今回話を聞いたのは，特定の女子生徒だけだったので，彼女の話がそのまま今の高校生たちに共通するものであるとはいえないが，一方でまったく彼女個人に限ったことであるとも思えない。今後，もっと多くの，そして，さまざまな個性をもつ高校生から話を聞くことで，個性の裏に隠れた全体的な傾向，その時代特有の傾向が見えてくるのかもしれない。

　最後に，将来の夢について語っている彼女たちの声も紹介しておきたい。そこには，一面で意外に堅実な生き方を求める彼女たちの姿もみえる。こうした矛盾を含みつつ，「いまここ」を生きること。そこから高校生の生きる現実の何を読みとるべきなのだろうか。

　　筆者；　高校を出たら，どんなことをしたい。
　　生徒；　専門学校の方に行きたいです。
　　筆者；　何関係の専門学校に行きたいの。
　　生徒；　何かあんまりまだそういうのは見当つかないんですけど……。何かグラフィックとかそういうデザインとか，そういう関係，美術とか，まだまとまってないんですけど。イラストレーターになりたいとずっと思っていたんだけど。何か……難しいかなと思い，今また悩んでいるんですよ。
　　筆者；　どうして難しいと思うようになったの。
　　生徒；　実力がないとやっていけない仕事だから。だんだん分かってきた……。いろいろそういう本とか読んでて。何か難しいかなぁと思って。
　　筆者；　まだ高校１年だし，頑張ってみようかなとは思わない。
　　生徒；　思いますけど……実力があるかどうかも分からないし，本当になれるかどうかも分からない仕事だから，やっぱりここはじっくり考えないと将来困ることになるから。

（木村　由希）

第8章
ブリコラージュ化する高等学校
変身する新制高校の足跡と実際

門脇 厚司

　新しい理念を掲げて発足した新制高等学校も早50年余を経過した。発足当初50％に満たなかった進学率が今やほぼ全入に近い数値に達している。高校の量的な拡大に伴う高校生の多様化は高校教育の在り方に変革を求めることになった。変革は，まず選抜入学試験の実施，数次にわたる学習指導要領の改訂と卒業要件の変更というかたちで行われた。しかし，量的拡大と多様化に伴う高校の質的な変化は，少子化の進行と財政の悪化という社会変化と相俟って，更なる変革を余儀なくした。こうして，1970年代後半から，高校についての従来の考え方を一新した高校づくり案の提案がなされ，臨時教育審議会での議論とそれを受け再開された中央教育審議会の答申を経て，90年の半ばころから，単位制高校や総合高校など，いわゆる新構想高校が続々創設開校されることになった。本章では多様化しブリコラージュの様相を呈し始めた高校の現状をレポートする。

第 8 章

1．はじめに

　1948年4月，わが国の新制高等学校は，単線型・三年制の後期中等教育機関として総合制，小学区制，男女共学制を三原則として発足した。1年前に発足した新制中学校に入学した生徒が高校に入学する時期に当たる50年度の高校生数は全国で約120万人，進学率はまだ40％をわずかに越えた程度であった。しかし，日本が敗戦の痛手から立ち直り，高度経済成長に向け離陸を開始した1960年以降，高校進学率は年々上昇の一途を辿った。60年度に58％だった進学率は，5年後の65年度には早くも70％を越え，70年度には82％，75年度は92％にまで達していた。そして，80年度には95％近くにまで上昇，以後ほぼ同水準を保っている。わが国では，高校への進学は，20年前からすでにほぼ義務化していたといえる。21世紀を迎えた現在，わが国の高校は校数で5,400校，生徒数で550万人の規模に上る。

　これだけの人数を抱えた高等学校が1つの型と内容であり続けるには無理があった。年齢が15歳から18歳までほぼ同じとはいっても，個々の生徒が高校に進学する目的や動機，生徒個人の適性や意欲や学力，それに考え方や価値観などの点で大きな違いが見られたからである。いわゆる，生徒のこうした"多様化"が学校現場に様々な弊害をもたらし問題にされ始めたのは進学率が7割を越えた1970年以降のことである。進学希望者が増えるにつれ，偏差値などによる輪切り選抜が進んだ結果，高校間に学力による序列構造が生じるとか，親に言われていやいや進学する不本意入学者が増えるとか，入学しても勉強についていけないとか勉学の意欲がわかないといった理由で中途退学するとか，果ては，学校の内外で犯罪を犯したり非行を繰り返すなどして退学処分される生徒が増えるとか，いったことである。

一方，高校を取り巻く社会状況も大きく変化した。都市化の進展と同時に，産業構造も大きく変わり，農業中心の第１次産業から工業中心の第２次産業へ，そしてサービス産業，情報産業，福祉産業などを中心とした高度の産業へとシフトしていった。また，日常生活はモノや情報で溢れ，高校生をターゲットにした商品やサービスやテレビ番組や雑誌や店などが増え，さらには高校生を売り物にした風俗業やアルバイトも増えるなど，高校生が生まれ育つ生活環境も大きな変化を遂げた。

　こうしたさまざまな変化の中で，高等学校もまた変身を余儀なくされることになるが，最も大きな変化に見舞われた首都圏など大都市部を中心に，高校が本格的に変身していくのは70年代の後半頃からであった。こうした変化と経緯を踏まえ，本章では，最初に，新制高校が辿ったおおまかな歴史を辿り，ついで，変身を余儀なくされていった事情や変身のプロセスを東京都を事例としてオーバービューし，最後に，変身を遂げつつある都立高校のいくつかをレポートすることにしたい。

２．膨脹し続けた新制高校

　新制高校は，開設当時から，地域に根ざした学校であるべきであり，小学校６年中学校３年の義務教育を終えたすべての子女が等しく学べる教育機関になることを目指していたといえる。それ以前は，中学校，高等女学校，実業学校，青年学校などと分岐していた中等学校を一本化し，しかも，学区を小学区にし，履修形態も男女共学の総合制にし，全日制のほかに定時制の課程を設け，入学試験も原則として行わないことにしたのはそうした意図の表れであった。

　とはいっても，敗戦直後の貧しい経済状態では，たとえその意思があっても，わが子すべてを高校に進めるのは困難であり，進学率の伸びもわずかなものであった。ところが，日本経済が高度成長への離陸を開始した1960年頃になると，所得水準が向上し家計に余裕が出てきたことに加え，経済成長を支える技術者や高度な知識をもった人材を養成するという社会的な要請もあって，高校への進学が一気に加速していくことになった。先に示した通り，

とりわけ60年から80年までの20年間の膨脹ぶりは目を見張るものであった。

こうして膨脹し続ける高校の実際に合わせ，高校に入るための選抜の仕方や，高校での履修内容や卒業要件などにも何度か変更が加えられることになった。当初，禁止されていた入学試験も，志願者が急増したことから，1963年には「適格者の選抜やむなし」という理由で実施されるようになり，履修する教科や履修する時間を規定する学習指導要領も，55年，60年，70年，78年，と改訂を加えられることになった。開設当初は生徒の選択を重視していたのが，55年に早くも選択科目制が廃止され，60年には，逆に，必修科目と卒業単位数が増やされ，学科によって履修する内容とレベルを分化させるという措置がなされた。これまた，増え続ける生徒の間にみられる多様さへの対応策の1つであった。しかし，60年，70年代の生徒数の増加はまさに急激な膨脹といったもので，こうした対応策で解決できるような事態ではなかった。そこでなされた70年と78年の学習指導要領の改訂は，増大しそれにつれ拡大する生徒間の多様化に伴う問題を解決することを目的にしていた。職業学科の内容を細分化し，生徒の興味・関心に沿うようにすると同時に，共通必修科目と単位数を減らし，教育内容をより易しくし，カリキュラムの編成や運用を弾力的に行えるようにした。高校教育の在り方を柔軟化し，退学したり問題行動を起こす生徒をできるだけ減らすことを意図しての措置であった。

しかし，進学率が9割を越え95％に及び，開設当時目的にしていた高校全入が現実のものとなると，履修内容や単位数の切り下げ，それにカリキュラム編成や運用の柔軟化だけでは到底対応を乗り切れるものではなく，70年代後半から，高校教育の在り方や高校の形態そのものを多様化する方向で構想されることになった。高校の量的な膨脹が高校の質の変化を余儀なくさせたということになる。[1]

3．変身を余儀なくされた高校

現在に至る新しい考え方にもとづく高校の開設ラッシュの先駆けをなしたのは，都道府県教育長協議会が，高校の打開策を考えるために1975年から79

年にかけて設けた「高校問題プロジェクトチーム」であった。高校の量的拡大によってもたらされた厄介な問題を解消するには思い切った新しいタイプの高校を作らなければならないと考え，協議の末，77年，「高校教育の諸問題と改善の方向」と題した報告書をまとめ6つの新しいタイプの高校を構想し提示した。折しも78年に告示された改訂学習指導要領は，先にみた通り，高校教育にかなりの多様性と柔軟性を認めた「ゆとり」ある教育の実現を目指すものであった。そこで，プロジェクトチームは「高校教育開発研究プロジェクトチーム」に衣替えし構想をより具体化する作業に取りかかり，79年6月に研究結果報告書をまとめ，「高等課程の効果的かつ弾力的運用を図るばかりでなく，さらに思い切った新しいタイプの高等学校を開発することにより，教育課程の弾力化のみでは達し得ない教育の個性化を進める」べきであるとの認識のもとに，実現性のある6種類の高校を提案した。提案された6つのタイプの高校とは次のようなものであった[2]。

①単位制高等学校…学年制がなく，生徒自身の学習計画にもとづき履修可能な高校。
②集合型選択制高等学校…同じ敷地に複数の高校があり，相互に乗り入れが可能な高校。
③全寮制高等学校…学習と生活を一体化させる高校。
④単位制職業科高等学校…職業科の高校に，普通科などの卒業生を受入れられる専攻課程を設置した高校。
⑤六年制高等学校…中学校と高校を結び付け，中高一貫の教育を可能にする高校。
⑥地域に開かれた高等学校…地域社会に高校の施設と教育を開放し，地域活動に参加することで学習する高校。

こうした新しい構想案は問題の大きかった首都圏の高校行政にインパクトを与えることになり，千葉県では80年に幕張に東・西・北の3校を同時に，神奈川県では83年に弥栄東・西高校の2校を新設，埼玉県では84年に3校分を統合した伊奈学園総合高校を開学させた。いずれも，都道府県教育長協議会のプロジェクトチームが構想した「集合型選択制高校」を念頭に構想し具体化した高校であった。

第8章　ブリコラージュ化する高等学校　183

このような新構想高校が具体化され，ある程度の成果を上げ，全国から人々の注目を浴びるようになるにつれ，国レベルの高校教育政策にも伝播していくことになった。1984年に設置された臨時教育審議会は教育の規制緩和と自由化を基本とした改革案を次々に提案したが，その中に高校の多様化も含まれていた。臨時教育審議会が最終答申をまとめるのを待って再開した第14期の中央教育審議会は，91年4月に答申をまとめ，単位制高校や総合高校など新しい構想にもとづく高校の設置を急ぐよう要請した。

　中央教育審議会の答申を受けた文部省は，6月に早速「高等学校教育の改革の推進に関する会議（高校改革推進会議）」を発足させた。改革推進会議は，1年後の92年に第1次報告をし，その中で「生徒が自己の適性，興味・関心，将来の進路への自覚を深めつつ，それぞれの個性を伸長させるために，従来の普通科及び職業科という枠にとらわれず，学校が幅広く総合的に選択科目群を開設し，生徒の個性を生かした主体的な選択による学習が可能となるような学科」を新設し，これを総合学科と称することを提案している。と同時に，第1次報告は，また，「多様な生徒の個に応じた教育課程の履修を促進し，生徒の選択の幅を拡大するという趣旨を徹底するため，全日制課程においても，単位制のみによる教育課程の編成・実施を可能とする」と，全日制においても単位制での履修を認める提案をした。[3]

　このような提案にもとづき，文部省は単位制高等学校教育規程を改正し全日制単位制高校の創設を可能にし，また，高等学校設置基準を改正し総合学科を置く高校の新設を可能にした。かくして，93年には，福島県いわき市に，わが国初の全日制単位制高校である，いわき光洋高校が新設され，2000年度には全日制だけで179校に増えている。そして，94年には，岩手県，栃木県，三重県，和歌山県，島根県，沖縄県に各1校，それに国立の筑波大学附属坂戸高校が総合学科に衣替えし，合計7校の総合高校が開校された。その後，総合学科を置く高校も年々増え，2000年度は144校に上っている。

　高校改革推進会議の報告は，この他にも高校の多様化を進める新しい措置をいくつか提案した。その中に，学校間の連携を推進する措置がある。互いに他の高校の授業に出席し単位を取得すれば，それを自校の履修単位として認定できるという措置である。学校間の連携措置は高校間に限るものではな

く，専修学校との連携や，技能審査の成果も単位として認めるという幅の広いものである。

　1996年7月に公表された中央教育審議会答申は，こうした措置をさらに拡大すべきであるとし，ボランティア，企業実習，農業体験実習，各種資格取得，大学の単位取得はもちろん，さらに，大学の公開講座や，公民館の開設講座なども単位の認定対象に加えている。こうした措置が実際に実行に移された時，高等学校は大きくその内容とイメージを変えることになるはずであり，そうした日はさほど遠くないものと思われる。

4．東京都における高校変身の事情と経緯

　東京都が新構想高校の新設を含めた高校の統合・再編を意図するようになり，その具体化に着手することになった時期は首都圏ではもっとも遅かったといえるが，東京都が高校の統合改編計画を作成し実施に移すことになった経緯を辿ると次のようになる。[4]

　東京都内の公立中学校を卒業する生徒数は1986年の15万7千人をピークに年々減少しており，2002年にはピーク時の半数以下となり，2010年にはわずか7万人ほどになると予想されている。ところが，現在，都立高校は200校を越え，生徒数16万人余という規模である。東京都には，やはり200校を越える私立高校があり，22万人以上の生徒を抱えていることを考えれば，高校が過大であるという事実は否定すべくもない。加えて，バブルが弾けてからの東京都の財政事情は極めて厳しいものがある。都立高校のいくつかをなくす方向で考えざるをえないと結論づけるのにさほどの時間は要しなかったはずである。

　こうした判断をもとに，東京都教育庁は95年12月，「ありのままの都立高校の姿をお示しして，都民の皆様方のご理解をいただく」ことを目的に，初の『都立高校白書』をまとめ，その中で，「生徒減少期の今こそ，二一世紀に向けて生徒一人一人の個性を伸ばし，その能力を最大限に生かす教育を実現できるよう，高校教育を改善するための施策を積極的に展開していく」つもりであり，関係者の協力を得て，都立高校の長期構想案に着手することを

宣言した。そして，翌96年1月に「都立高校長期構想懇談会」を組織し，ほぼ1年後の97年1月に，「これからの都立高校の在り方について」なる答申を受けることになった。これをもとに，東京都教育庁は1998年度着手2011年度完了という「都立高校改革推進計画」を策定し公表すると同時に，教育庁学務部に都立高校改革推進担当課を設置し，計画の実行に着手し今日に至っている。

統合改編計画の骨子は，現在208校ある全日制高校を30校減らし，2011年度には178校にするというものである。しかし，この計画は単純に30校減らすというのではなく，66校を順次統合しつつ，総合学科高校，単位制高校，チャレンジスクール，科学技術高校，中高一貫高校，第二国際高校，総合芸術高校，体育高校など，新しいタイプの高校に改編し，多様化する生徒と変化する社会のニーズに合致した高校づくりを実現していくというものである。

東京都はこの計画に先立ち，すでに91年に都内初の定時制の単位制高校である新宿山吹高校と，96年にはやはり都内初の総合学科高校である晴海総合高校を開校した。そして，2000年4月には初のチャレンジスクールである桐ケ丘高校が開校された。これら，新構想高校の典型ともいえる3つの高等学校は，それぞれどのような経緯で作られ，どのような教育を目指しているのか，また，実際，どのような変身を遂げているのか。以下，3つの高校についてレポートしておこう。[5]

5．東京都の新構想高校を観る

a．新宿山吹高校

東京都が，時代に応じた新しい考え方にもとづいた高校を作る必要を感じていたのは『都立高校白書』をまとめる10年ほど前からのことであった。恐らく，都道府県教育長協議会がまとめた報告書に刺激されてのことであったと思われるが，1983年，東京都は都立高等学校教育改善推進委員会を組織し，将来，7つの新しいタイプの高校をつくるという改革案をまとめていた。その中から，最初の新構想高校として開設準備に取り掛かったのが定時制と通信制の併修で，かつ無学年の単位制を基本とする独立の高等学校であった。

この計画を実現すべく，85年に定時制・通信制独立高等学校基本構想検討委員会を設けて具体的な計画の作成に取り掛かり，89年4月には開設準備室を設置するに至り，都立高校設置条例の一部を改正するという作業を経て，91年4月に新構想高校の第1号が開校されることになった。こうして日の目をみたのが都立新宿山吹高校である。
　現在の校舎がある場所はかつて都立赤城台高校のあった敷地であるが，これを廃校にしバブル期の金回りがいい時期に，7階建ての近代的なビル風の校舎に建て替えたというだけに，コンピュータ設備が完備し，地下に屋内プールも備えた施設は立派なものである。因みに，設計者は日本を代表する建築家である丹下健三氏であるという。
　ところで，新宿山吹高校が新構想高校である所以を改めて整理すると次のようになる。
　①単位制の無学年制で，普通科と情報科を置いた高校である。
　②授業の時間帯を四部制（午前，午前・午後，午後，夜間）にした定時制課程と，通信制課程を設置した高校である。
　③定時制課程と通信制課程の両方で学習し単位を取得し卒業できる高校である。
　④生徒が自分で科目を選択し，カリキュラムを組み，自分のペースで学習できる高校である。
　⑤社会人の学習要求にも積極的に応じるべく生涯学習講座を常時開設しており，定員に満たない講座は社会人と一緒に受講できる高校である。
　入学試験は他の都立高校と同じで英語，数学，国語の3科目であるが，入学する間口が「1学年相当」と「2学年相当」の2通りに分かれているのが特徴的である。「1学年相当」での入学生は中学校からストレートに入学する生徒であるが，「2学年相当」の間口から入学する生徒は過年度卒業生ですでに他の高校で20単位以上取得した生徒である。こうした入学間口があるということは，様々な理由で他の高校を中途退学した生徒が入学し直すことができるということである。したがって，かなり年齢の高い生徒も少なくなく平成12年度の最高齢生徒は47歳という。12年度の生徒数は，定時制課程普通科が4部合計で529人（男子229人，女子300人），情報科が2部合計で269人

（男子136人，女子133人）であるから，土曜日にスクーリングのため出校する通信制課程の生徒368人（男子161人，女子207人）を別としても，ほぼ800人ほどの生徒が通っていることになる。しかし，無学年制の単位制の高校であるため，生徒は三三五五登校し，自分の選択した授業だけに出て，終われば帰っていくというシステムになっている。このためか，街中に立つ近代的なビル風の校舎の中で見掛けた生徒の姿はまばらであった。私が学校を訪ねた時刻が4部の授業が始まる夕方5時過ぎであったにしても，校内は学校特有の喧騒とは無縁の世界であった。聞けば，クラス編成はしているものの，クラス単位での授業や活動はほとんどなく，授業の出席もIDカードをタイムキーパーに差し込むだけで済み，生徒への伝言なども，登校時にエントランスホールにあるメッセージ伝達用のパソコンでやはりIDカードを操作し，自分へのメッセージを読み取ればいいようになっている。こういう点からみても，新宿山吹高校は，徹底して個人単位の学校になっている。少なからぬ生徒が小学校や中学校で不登校を経験しているとのことで，概して，人間関係を保つのが下手であるという。こうした生徒が多いとなれば，集団行動が多いほど抵抗感も高くなるわけで，個人単位で，しかも個々人のペースで行動できるような学校でなければならないということになる。それでも，卒業まで漕ぎ着ける生徒は2/3ほどで，1/3は中途で退学するのが実状のようである。1/3の中途退学者数を多いとみるか少ないとみるかは議論の分かれるところであろうが，新宿山吹高校のような高校がなかったならば，卒業した2/3の生徒も高校を卒業することができなかったであろうと考えると，存在意義はあるとするのが妥当であろう。現代社会はこのような高校もまた時代の要求として存在しているということである。

　新宿山吹高校のあと1つの特徴は月曜から日曜まで休みなしに生涯学習講座を開講していて，30名の受講者定員が社会人の受講希望者で定員に満たない場合は生徒も受講でき，しかもそれを単位にカウントできることである。開講講座と互換科目の一例を紹介すると，「話しことば教室」は「国語表現・2単位」，「ビジネス英語」は「オーラルコミュニケーションA・2単位」，そして「エアロビクス」が「体育・1単位」といった具合である。こうした講座を担当しているのはほとんどが市民講師と呼ばれる非常勤講師たちであ

るという。しかし，残念ながら，こうした受講機会を有効に活用している正規の生徒はごく少数というのが現状のようであった。

b．晴海総合高校

　東京湾の晴海埠頭の近く，朝潮運河に沿って立つモダンなビル，それが東京都で最初の総合学科高校として建設され1996年4月に開校した晴海総合高校の校舎であった。

　晴海総合高校の前身となったのは京橋高校と京橋商業高校である。京橋高校は1910（明治43）年に東京市立京橋区女子実業補習学校として創立され，第二次大戦後都立京橋高校となった90年の歴史をもつ中等学校であった。また，京橋商業高校は1939（昭和14）年に東京市立京橋実業学校として創立され，やはり戦後に都立京橋商業高校となり60年ほどの歴史を重ねてきた中等学校であった。ともに，女子が生徒の大半を占めるという点で共通していたが，学校群制度が採られたことやバスの便しかないという交通の便の悪さが災いして地元中学生の評判が年々落ち，定員割れが続くといった状態で第5学区の中では最も低くランクづけされるようになっていた。都立高校の中で評判の芳しくない学校の統廃合を考えていた東京都では，京橋高校と京橋商業高校の2校もその対象校の中に含めていた。そして，1991年8月に総合選択制高等学校基本計画検討委員会を設置し，京橋高校と京橋商業高校を統合し新しいタイプの高校を創設する作業に取り掛かり，3年後に校舎の建築を開始し校舎の完成を見た94年4月に，都立高校としてのみならず，私立高校も含め東京都において初めての総合高校として，晴海総合高校が開校された。新設の総合高校とはいえ，夜間開講の都立商科短期大学との共同利用施設が多いこともあって，5階建ての校舎は生徒数の割にはかなりゆとりがある。それもそのはず，前身である京橋高校と京橋商業高校を合わせた入学定員数が500名ほどであったのが，晴海総合高校は半分の240名という。「生徒数が半分になったのに，校舎面積は以前の2倍，それに教員数も1.5倍になったのだから，かなり贅沢な高校であることは間違いない」というのは，訪問時に説明に当たってくれた，この学校だけに配置されたキャリア・カウンセラーである大池公紀教諭の弁である。

東京で最初の総合高校ということもあって，1996年度の入学競争率は一気に高くなり，推薦入学（定員120名）は3.2倍，一般試験入学（120名）は4.2倍，入学した生徒の学力も中学校の平均点が4点を上回ったという。受験業界のランクづけでも学区内の普通高校より上位になっているとのことである。モダンでゆとりのある校舎に加え，近年，若者の間でウォーターフロントがファッションになっていることと，地下鉄有楽町線が開通されたことが，中学生の人気を得る1つの原因になっているものと思われる。生徒の内訳は，女子の方が多く約3/4を占め，残りの1/4が男子である。前身校が女子校であった名残りであるかどうかはわからない。

　教育面での特徴といえば，総合学科高校として作られた高校であることに尽きる。より具体的に整理すれば以下のようになる。

①普通教育と専門教育を総合的に行うことが基本目的であるが，生徒個人の興味・関心や進路・生き方・在り方に合った授業科目が選択できる。

②国際化，情報化，高齢化といった国際的・社会的な趨勢に対応できる能力や実際的な技能の習得を実現する。

③地域と社会に開かれた学校であることを目指し，地域社会や産業界と連携した授業を具体化する。

④勤労・奉仕活動への積極的な態度の育成に努める。

　カリキュラムは，用意された162科目434講座の中から生徒が選択し編成するのが原則とはいえ，大きく6つの系列の枠の中での選択になる。6つの系列とは，①情報システム系列，②国際ビジネス系列，③語学コミュニケーション系列，④芸術・文化系列，⑤自然科学系列，⑥社会・経済系列の6つである。晴海総合高校の卒業要件になっている100単位のうち，必修科目の単位数は54単位，選択科目の単位数は46になっている。また，2学期制を採用しているのもこの高校の特徴の1つに加えていいだろう。こうすることで，授業時間が1.2倍になり，半年で単位を出す科目をおけるというメリットがあるからだという。

　しかし，何といっても晴海総合高校の最大の特徴は，1年次の「産業社会と人間」と，それと連動させて学校裁量時間として開設している「LA（リベラル・アーツ）の時間」や「V学習（ボランティア学習）」の充実に力を入

れ，さらにはキャリア・カウンセラーなる専任の進路指導の担当教諭を配していることである。地域社会や企業社会での体験学習を踏まえつつ，自分の生き方・在り方を真剣に考えさせ，専任として常駐しているキャリア・カウンセラーと相談しながら綿密なる学習計画を立てさせ，合理的なカリキュラムを組み，それに沿って主体的に授業に取り組むことで，これまでの高校教育ではできなかったことを実現しようという意図が明瞭に読み取れる。高校の早い段階で，自分の生き方や進路を明確にしえるかどうかが総合高校の生命線であることに思いを至せば，こうした教育方針を具体化しているのは，当然のこととはいえ，誠に好ましいことである。因みに，晴海総合高校でキャリア・カウンセラーを務めている大池公紀先生は，もともとは国語科の教諭で，九段高校などで22年間教鞭をとってきたベテラン教師である。この間，都立教育研究所の講習を受けるなどしてカウンセリングに関する知識や技能を習得したという。こうした努力と能力が晴海総合高校の初代の校長として尽力した小川輝之氏の眼に留まるところとなり，懇願され初のキャリア・カウンセラーとして赴任。現在は国語の授業は一切していない。大池先生のオフィスでもある校舎の2階にあるガイダンスセンターを訪れ相談を受けた生徒の延べ人数は毎年ほぼ2,150人ほどである。キャリア・カウンセラーは教員の相談にも応じており，センターを訪れた教員も年々増えており，2000年度は延べ400人ほどになっている。キャリア・カウンセラーは生徒だけでなく，同僚教師の心強い味方になっているということであろう。

　新構想高校たる晴海総合高校のこのような教育の効果は，教室ごとに異なる授業スタイルや，楽しげながら真剣でもある授業風景や，伸びやかな生徒の表情にも表れていたが，1期生，2期生の進路状況にも示されている。1期生では入学生の1/3に当たる84名が四年制大学に進学しており，1年浪人を経て大学に進んだ69人を加えると過半数を越え153人の大学進学となる。教育の効果を，大学進学者数だけで判断するのは一面的ではあれ，前身の2校では大学に進学する生徒がほとんどいなかったことを考えれば，新構想高校への変身はかなりの成果があったとみていいように思う。開校以来5年間かけて実践してきた教育を一層充実させ，後世を担うに十分な人間として育て世に送り出してほしいものである。

c. 桐ヶ丘高校

　晴海総合高校を訪れた同じ日の午後，私は，東京都が，チャレンジスクールと銘打つ新構想高校として，鳴り物入りで2000年4月にオープンした都立桐ヶ丘高校を訪ねた。都営三田線の志村坂上駅から赤羽駅方向に歩いて15分ほどの場所に確かに桐ヶ丘高校は存在した。しかし，意外だったのは，使っている校舎が同じ都立の城北高校と同じものであったことである。城北高校も廃校になったわけではなく，全日制の3年生と定時制の2，3，4年生はまだそこで勉学しているとのことであった。訪れた私に学校の説明をしてくれた桐ヶ丘高校の初代の校長である天井勝海氏は城北高校の校長でもあった。チャレンジスクールたる桐ヶ丘高校は，新しいモダンな校舎が売り物なのではなく，そこで行われる教育そのものや，それを支える教育観の新しさに特徴があることをまず理解することになった。

　桐ヶ丘高校の母体となった城北高校は1940（昭和15）年に東京府立第十四高等女学校として開校され，42年に城北高等女学校と改称，戦後の50年に男女共学の都立城北高校になると同時に夜間の定時制課程を置く赤羽分校を加え，59年に赤羽分校を赤羽高校として独立させて，今日に至った60年の歴史を持つ都立高校である。ベビーブーマーたちが高校に進学し通学し始めた60年代半ば頃からしばらくは生徒数1,500名近くの大規模高校としてその役割を果たしていたが，80年代後半になると生徒数が年々減少するようになり，それにつれ入学する生徒の質にも陰りがみえるようになり，98年度に159名入学させたのを最後に募集を停止，2001年3月をもって全日制課程は閉校となる。因みに，2000年3月の卒業生157名（入学した生徒数は231名と記録されているから，74名は何らかの理由で中途退学している計算になる）の進路をみると，大学・短大進学者28名，専修学校等への進学者29名，就職者25名，残り75名はフリーターなどとなっている。こうしてみると，城北高校の場合，入学者の65％（3人に2人）にも上る149名が中途で退学するか，フリーター的な身分で社会に出ていっていることになる。本来の役割を果たし得ていない高校が現に存在するということである。

　こうした高校が存在する現状を好ましいとみる関係者はいるはずはない。新しい発想にもとづく新構想高校を作り，これまでなしえなかった新しい教

育をする。まさにそうした高校の目玉として構想されたのがチャレンジスクールであり，桐ヶ丘高校はその第1号ということになる。

では，桐ヶ丘高校の新しさはどこにあるのか。その点を整理すると次のようになる。

①総合学科を置く，学年制のない単位制の定時制高校である。したがって，カリキュラムは自分の興味・関心に応じて編成でき，自分のペースで履修できる。

②授業時間が3部制になっているため，午前，午後，夜間のどの時間帯でも，自分の生活リズムに応じて履修できる。

③完全五日制で，しかも学期は前期と後期の二期制を採用している。したがって，9月から入学することもでき，そのために10名の定員も用意してある。

④入学者の判定のために学力試験は行わず，調査書（内申書）の提出も求めない。入学できるかどうかは，志願申告書，作文，面接で行っている。

⑤髪形や服装に関する校則がない。制服はあるが着用が義務ではなく，服装や身なりは原則自由，茶髪やピアスの着用も認めている。

⑥クラス編成をし担任の先生も決めているが，クラスはできるだけ少人数にする方針で15名程度を目安にしている。

⑦クラスはあってもクラスでまとまって行動したり授業を受けることはない。クラス担任の仕事は生徒への個別対応と成績の管理にとどまる。

⑧自分のクラスの担任の先生の他に，自分が希望する先生をチューターとして指名できるパーソナル・チューター制度を採用している。

⑨実習の授業や地域や会社などでの体験学習を主体にしている。

⑩教室での学科の授業は，積み上げ方式の「連続小説型」の授業ではなく，テーマ主体で90分で完結する「1回読み切り型」の授業を原則にしている。

⑪学校に来るのが難しい生徒のために，個別の指導ができる個別指導計画（Individual Education Planning）も用意している。

⑫3年かけて80単位を取得すれば卒業できるが，急いで卒業することを奨励しない。

入学生の選抜の仕方や，授業の仕方や指導面にみられる桐ヶ丘高校の特徴をこのように整理するだけで，この高校が従来の高校といかに異なっているかが理解できるはずである。このように，個別指導と体験学習を徹底して行うことを教育の第1の眼目にしているのは，小学校や中学校で不登校を経験したことがある者を生徒として受け入れ教育することを目的にしているからである。第1期生として2000年4月に入学した生徒は156名であるが，中学校から直接入学した生徒が114名，その6，7割が不登校経験者であり，残り42名が過年度卒業生であるが，そのほとんどは他の高校に入学はしたものの通学できずに中退した生徒であるという。生徒のほとんどが，理由はさまざまであれ，これまで学校に行けなかったという経験を持つ者たちで，そうした生徒であっても切り捨てることなく，高校で学ばせ，然るべき人間に育て，高校を卒業させるのだ，ということになれば，そして，チャレンジスクールはそれを目的にして作られた高校であるとすれば，教育の仕方にも相当な変革が求められることになる。桐ヶ丘高校での教育はまさにそうした試みに果敢に挑戦しているのだといえる。そのいくつかを紹介しておこう。

　まず，基礎学力をつけさせるための教科書づくりである。「みんなシリーズ」と呼ぶ「みんなの国語」「みんなの数学」「みんなの理科」「みんなの英語」「みんなの社会」という教科書はすべてこの高校の先生たちの手作り。天井校長の説明によれば，「知識を教えることを目的にしたものではなく，ものの見方や考え方を，遊び感覚で学ばせることをねらいにした楽習用(ママ)のテキスト」ということになる。数学では折り紙を使い，理科ではブーメランを飛ばし，英語では"マイ・ディクショナリー（自前の辞書）"を作るといったことである。

　「暮らしのマナー」と名付けた週2時間2単位の授業は，お茶，生け花，着付，礼儀作法，テーブルマナーなどはもちろん，電話のかけ方，手紙の書き方，風呂敷の使い方，それに笑顔の作り方，訪問の仕方，客のもてなし方などを実習によってきっちりマスターさせることをねらいにしている。

　「グリーンデザイン」と呼ぶ畑づくりを体験する2単位の授業もユニークである。今は1人1平方メートルの面積の畑を自分で管理して作物を作る体験をさせているという。今年トライした作物は，大根，大豆，茄子，サツマ

イモ，それに花々であるという。将来は，もっと広い面積の畑をグループで管理し耕作させたいし，さらには親子で作物の面倒をみる家庭菜園も作りたいという。是非実現してほしい試みである。

「暮らしとマナー」と同様，チャレンジ指定科目の1つになっている「ボランティア」という2単位の授業も徹底して地域に出てさまざまな体験をさせることを目的にしている点でユニークである。具体的には，老人ホームや養護学校，企業やテクノセンターなどを訪問しボランティア活動をする授業であるが，学校に行けず，引きこもっていた生徒たちが多いだけに，多様な人々と出会わせ社会を体験させることは，この学校では極めて重要なことなのだという。

総合学科の必修科目である「産業社会と人間」の授業に力を入れているのはいうまでもない。さまざまな企業での多様な勤労体験を主にしているとのことであるが，協力企業の開拓は並大抵のことではないはずである。先生たち全員が手分けして，都内にある有名，無名の企業を訪ね，協力依頼をして歩いているとのことであるが，先生たちがそうした苦労を積極的に行うことで，先生自身の教育観や人間観，社会観や勉学観が変わってきているともいう。そのことが，巡りめぐって，生徒をみる見方を変え，高校での教育の仕方を変えることにつながっていくとすれば，チャレンジスクールを作り，新しい教育を試みた意義と価値は途方も無く大きいものであるといえる。

「不登校が社会問題だというのであれば，その解決も社会全体でやるべきです。」

「これからの学校はボーダーレスでなければならない。これからの教育は学校だけでは無理で，地域の力を借りなければできない。だから，私は，地域との連携ではなく，地域との融合だと言っています。」

「この学校では，生徒を一人前の社会人に育てることを第1の目標にしている。社会の中できちんと生きていけるようにしてやること，このことこそ，ここの生徒には必要なことなのです。社会人としてのマナーを身に付けさせ，仕事体験や職場体験を重視し，様々な人間との出会いを大切にしているのはそのためです。」

第8章　ブリコラージュ化する高等学校

「この学校では学歴を取らせることより，資格を取らせることを重んじています。そのため，資格を取るための学習も，上限20単位までですが，単位として認めている。夏休みも，スキルアップレッスンとして10日間，1単位の授業を組んでいます。」
「われわれの年齢の者が，高校生の悩みに応え，よき相談相手になるのはやはり大変なことです。そんなわけで，ここでは，大学生3人にフレンドシップ・アドバイザーをお願いしている。3人交替で週3回来てもらっています。」

　このような天井校長の考えや言葉に私は全面的に賛成である。インタビューの後，学校の中を案内していただくことになったが，学校と地域の壁をなくすという姿勢もさることながら，学校の中の壁もできるだけ取り払うようにしていることにも好感が持てた。その典型的な表れは大職員室という空間を作っていることである。教室と廊下を仕切っていた窓と仕切りを取り払うことで，かつて教室であった空間を廊下側のどこからでも生徒がすぐに職員室に入っていけるようにした4つ続きの部屋が大職員室と称する空間であった。中にはソファーなども置いてあり，先生と生徒が談笑するに相応しい空間を形づくっていた。
　天井校長は，いま城北高校が使っている教室を自由に使えるようになれば，そのいくつかを「保護者ルーム」にし，生徒の父母はもちろん，地域の誰彼が学校に来て時間を過ごせるようにしてもらうつもりであるという。さらには，現在，学校にある風呂場や和室を活用して，高齢者のためのデイケア・サービスのセンターにすることも考えているという。家庭菜園構想といい，保護者ルームのアイデアといい，デイケアセンターとしての利用方法といい，天井校長が考える高校教育の中身は，従来の高校教育と大きく異なるものであることは明らかである。こうした天井校長の構想の根底にあるのは，人間を育てるのは人間との直接的な交わりであり，自分の身体を使っての実体験であるという哲学ではあるまいか。またぞろ，若い世代の学力低下が取り沙汰されているなかで，『子どもの社会力』（岩波新書）なる本を著し，社会に積極的に関わり，社会を作っていける資質や能力である「社会力」を育てる

ことこそ，いま，われわれ大人が懸命にやらなければならないことであると訴えている私としては，こうした天井校長の考えと実践に両手をあげて賛同するものである。チャレンジスクールとしての桐ヶ丘高校の成功は，校舎は新築せずとも，教育についての考え方さえ刷新すれば，新しい教育はいくらでも可能であることの証明になる。桐ヶ丘高校の今後に注目し続けたいと思う。

6．おわりに

　急ぎ足ではあったが，わが国の高等学校の足跡と，近年続々開校されている新構想高校のいくつかをレポートしてきた。こうした報告をしながら考えた2つのことを認め本章の結びとしたい。

　まず1つ目は，わが国の新制高校は，新制度の下で高校としてスタートしてから半世紀の時間を費やして，ようやく旧制高校の残映から脱皮できたということである。「高等学校」という名称が災いしたと言うしかないが，高校教育関係者は，これまで，長く，「高校」といえば，まず旧制の高等学校をイメージし，新しい形の高校としてスタートした高校であるにもかかわらず，"旧制高校のようであること"をよしとし，そのような高校を実現することに汲々としてきたといえる。自らが旧制高校で学んだ経験のある教育長や校長，あるいは年配の高校教師ほど，そのように考える度合いが強かったように思う。しかし，中学校卒業者のほとんどが高校に進学するようになって20年以上経過することになったこの10年ほどの間に，学力差によるランクづけや序列化，大量の不本意入学者と中退者の発生，頻発する校内暴力や非行，学習離れやアパシー（無気力）の高進など，次々に難題を抱え込むことになった。そして，少子化の進行によって高校の校舎そのものが過剰になり，景気の後退で財政事情が深刻度を増すという事態が加わり，数々の難題を解決せずには高校それ自体の存続が危うくなるという局面に立たされるに及び，ようやく，旧制高校とはまったく別の発想で高校教育を構想し運営せざるをえなくなったということである。25年ほど前に，徹底して"学ぶ者の善さを開く"ことにこだわった私立学校・白根開善学校の開校にかかわったことがある私としては，新制高校が，紛れもなく新しい高校に変身しつつあるのは

嬉しい限りである。

　新しい高校の現状をレポートしながら考えたあと1つのことは，エリートの育成を意図した高校の必要性とその可能性についてである。もちろんここでいうエリートとは，銘柄大学に何人合格させたかを競い合うような高校で勉学している生徒たちのことを言っているのではない。人間や社会に並々ならぬ関心と知識があり，視野が広く，良識と教養に富み，問題の本質を見抜くセンスがあり，解決のためのアイデアが豊かで，実現能力も高い，といった類いの人間のことである。フランスの高等教育進学試験ともいうべきバカロレアの哲学試験で高得点を取れるような人間，あるいはイギリスのパブリック・スクールで誰にでも評価されるような人間を想定してもよいだろう。難問が山積している21世紀の社会の舵取りを，人類が共に生きることを念頭に，難なくこなせるような人間，そうした人間を育てることを目的にした中等教育機関としての高校があってもいいということである。

　みてきたように，かくまで多様な高校が乱立し，まさにブリコラージュのような様相を呈している，というのがわが国の高校の現況であるとすれば，その中に，真正エリートを育てることを目的にした高校があってもよいのではないか。早晩，「まったなし」で進められるであろう国立大学附属学校のエージェンシー化ないし民営化の過程で，そうした選択をする大学や高校が出てくることを期待したい。

　　　　　　　　　　　　（本稿は，2001年1月30日脱稿したものである。）

注
1) 戦後の新制高校の変遷については，門脇厚司・飯田浩之編 1992『高等学校の社会史』東信堂，に詳しい。
2) 西本憲弘・佐古順彦編 1993『伊奈学園』第一法規，耳塚寛明・樋口大二郎編 1996『多様化と個性化の潮流をさぐる』学事出版，菊地栄治編 1997『高校教育改革の総合的研究』多賀出版，所収の諸論文による。
3) 「月刊高校教育」編集部編 1993『高校教育改革総集編』学事出版，参照。
4) 以下の記述に当たっては次のような資料をもとにしている。
　　①東京都教育委員会『新しく生まれ変わる都立高校―都立高校白書』(1995年12月)
　　②都立高校長期構想懇談会『これからの都立高校の在り方について』(1997年1月)
　　③東京都教育委員会『都立高校改革推進計画』(1997年9月)

④東京都教育委員会『都立高校改革推進計画第二次実施計画』（1999年10月）
5）　以下の記述に当たっては，情報の提供や聴き取りなどで，次の方々の協力に負うている。記して感謝の意としておきたい。なお，所属等は，聴き取り調査当時のものである。
　　浪花武夫氏（東京都教育庁学務部都立高校改革推進担当・前課長），吉田憲司氏（同・現課長），岩崎裕氏（同・係長），渡辺潔氏（都立新宿山吹高校教諭），大池公紀氏（都立晴海総合高校教諭），天井勝海氏（都立桐ヶ丘高校校長）
6）　「社会力」を育てることの重要性については，次のような拙著を参考にしてほしい。『子どもの社会力』（1999，岩波新書），『社会力が危ない！』（2001，学習研究社），『学校の社会力』（2002，朝日選書），『親と子の社会力』（2003，朝日選書）

文献リスト

　ここでは，日本語で読め，実際に高校で現場調査にのぞむ際に役に立つ調査法や調査事例の書籍を取り上げた。網羅的なリストではないが，必読の文献といえよう。参考にしてほしい。

朝倉景樹　1995『登校拒否のエスノグラフィー』彩流社
石黒広昭編　2001『ＡＶ機器をもってフィールドへ：保育・教育・社会的実践の理解と研究のために』新曜社
今津孝次郎，樋田大二郎編　1997『教育言説をどう読むか：教育を語ることばのしくみとはたらき』新曜社
Ｐ．Ｅ．ウィリス（熊沢誠，山田潤訳）1996『ハマータウンの野郎ども』筑摩書房（ちくま学芸文庫）
Ｃ．ウィリッグ（上淵寿ほか訳）2003『心理学のための質的研究法入門：創造的な探求に向けて』培風館
Ｇ．ウォルフォード（竹内洋，海部優子訳）1996『パブリック・スクールの社会学：英国エリート教育の内幕』世界思想社
Ｒ．エマーソン，Ｒ．フレッツ，Ｌ．ショウ（佐藤郁哉，好井裕明，山田富秋訳）1998『方法としてのフィールドノート：現地取材から物語(ストーリー)作成まで』新曜社
菊地栄治編　2000『進化する高校・深化する学び：総合的な知をはぐくむ松高の実践』学事出版
北澤毅，古賀正義編　1997『〈社会〉を読み解く技法：質的調査法への招待』福村出版
北澤毅，片桐隆嗣　2002『少年犯罪の社会的構築：「山形マット死事件」迷宮の構図』東洋館出版社
木下康仁　1999『グラウンデッド・セオリー・アプローチ：質的研究法の再生』弘文堂
木村涼子　1999『学校文化とジェンダー』勁草書房
清永賢二　1997『漂流する少年たち：非行学深化のために』恒星社厚生閣
Ｂ．Ｇ．グレイザー，Ａ．Ｌ．ストラウス（後藤隆，大出春江，水野節夫訳）1996『データ対話型理論の発見：調査からいかに理論をうみだすか』新曜社
古賀正義編　1999『〈子ども問題〉からみた学校世界』教育出版
古賀正義　2001『〈教えること〉のエスノグラフィー：「教育困難校」の構築過程』金子書房

桜井厚 2002『インタビューの社会学：ライフストーリーの聞き方』せりか書房
佐藤郁哉 1984『暴走族のエスノグラフィー：モードの叛乱と文化の呪縛』新曜社
佐藤郁哉 1992『フィールドワーク：書を持って街へ出よう』新曜社
佐藤郁哉 2002『フィールドワークの技法：問いを育てる，仮説をきたえる』新曜社
佐藤郁哉 2002『組織と経営について知るための実践フィールドワーク入門』有斐閣
渋谷真樹 2001『「帰国子女」の位置取りの政治：帰国子女教育学級の差異のエスノグラフィ』勁草書房
志水宏吉，徳田耕造編 1991『よみがえれ公立中学：尼崎市立「南」中学校のエスノグラフィー』有信堂高文社
志水宏吉編 1998『教育のエスノグラフィー：学校現場のいま』嵯峨野書院
志水宏吉編 1999『のぞいてみよう！今の小学校：変貌する教室のエスノグラフィー』有信堂高文社
志水宏吉，清水睦美編 2001『ニューカマーと教育：学校文化とエスニシティの葛藤をめぐって』明石書店
志水宏吉 2003『公立小学校の挑戦：「力のある学校」とはなにか』岩波書店
A．L．ストラウス，J．コービン（南裕子監訳）1999『質的研究の基礎：グラウンデッド・セオリーの技法と手順』医学書院
高山忠夫，安梅勅江 1998『グループインタビュー法の理論と実際：質的研究による情報把握の方法』川島書店
中西祐子 1998『ジェンダー・トラック：青年期女性の進路形成と教育組織の社会学』東洋館出版社
樋田大二郎，耳塚寛明，岩木秀夫，苅谷剛彦編 2000『高校生文化と進路形成の変容』学事出版
平山満義編 1997『質的研究法による授業研究：教育学／教育工学／心理学からのアプローチ』北大路書房
S．ヴォーン，J．S．シューム，J．M．シナグブ（井下理監訳）1999『グループ・インタビューの技法』慶應義塾大学出版会
U．フリック（小田博志ほか訳）2002『質的研究入門：〈人間科学〉のための方法論』春秋社
W．F．ホワイト（奥田道大，有里典三訳）2000『ストリート・コーナー・ソサイエティ』有斐閣
松田素二，川田牧人編 2002『エスノグラフィー・ガイドブック』嵯峨野書院
S．マクナミー，K．J．ガーゲン編（野口裕二，野村直樹訳）1997『ナラティヴ・セラピー：社会構成主義の実践』金剛出版
見田宗介 1979『現代社会の社会意識』弘文堂

箕浦康子編 1999『フィールドワークの技法と実際：マイクロ・エスノグラフィー入門』ミネルヴァ書房
無藤隆，やまだようこほか編 2002〜『質的心理学研究』(No. 1 〜) 新曜社
茂呂雄二編 2001『実践のエスノグラフィ』金子書房
山中速人編 2002『マルチメディアでフィールドワーク』有斐閣
好井裕明，桜井厚編 2000『フィールドワークの経験』せりか書房
T．ローレン（友田泰正訳）1988『日本の高校：成功と代償』サイマル出版会
J．ロフランド，L．ロフランド（進藤雄三，宝月誠訳）1997『社会状況の分析：質的観察と分析の方法』恒星社厚生閣

おわりに

　もしいま本書を読み終えられて，高校の歴史的背景や社会的文脈によって，これほど教育の実践や課題が違っており，制度的な目標としてではなく現実に，高校は多様化してしまっているのだと実感していただけたなら，編者としてこれほどうれしいことはない。執筆者の若い研究者たち，そのなかには学部から教育社会学を学んだ者もいれば，留学生として初めてこの学問を知った者，あるいは学校からの派遣教員として大学院で学んだ者などさまざまな経緯を持った人たちがいるのだが，彼らの地道な一つ一つの学校現場での研究が実を結んだ成果だといえよう。

　かつてイギリスの社会学者ウォルホード．G．の『パブリック・スクールの社会学—英国エリート教育の内幕』（世界思想社，1996年）が竹内洋先生らによって翻訳された。この本の帯に「エリート学校の生活世界—エスノグラフィ」と書かれていて，興味を持って読み進んだ。内容は，具体的な学校生活のルポルタージュ的な記述であり，文化人類学のいうエスノグラフィーとは体裁を異にしていたのだが，いままで抱いていたパブリックスクールのイメージが揺らいでいくのを感じた。そこでは，統計データの紹介や文書資料なども活用されていて，いい意味で折衷主義的な方法としてエスノグラフィーが活用されていた。

　こうした柔軟なコンセプトで「高校のエスノグラフィー」を構成したい。そう思い立ったのは，本書にも寄稿してくださった門脇厚司先生らが編者である『高等学校の社会史』，『高校教育の社会学』（ともに東信堂，1992年）という2部作の執筆作業にかかわった経験が大きく影響している。その点で，「歴史」と「社会」の架け橋を意図した第3部の作品という位置づけをしてくださるなら大変ありがたいと思っている。

　高校は現在大きな改革期にある。市場原理の波は，高校現場にも教育成果の達成を求めており，マニフェストとして退学率の減少や有名大学進学率の向上などを数値目標に掲げる学校も増えている。また，教育評価の導入によ

って，生徒や父母などが教育の実践を評価し，授業や生徒指導に要望を出す機会も増えている。その点で，制度改革が内部の改革につながらないのであれば，教育に参加する多くの人々が失望することもありうる。

　また一方で，多くの教育期待のなかで，職務の多忙化や厳格な勤務評価にさらされる教師たちは，教育実践の進む方向に危惧を抱いたり，指導の方略に戸惑いを覚えることも多くなっている。その点で，いま自分たちが行っている実践が，どのような歴史的社会的背景のなかで立ち上がり，いま何を反省的に理解しながら進めばいいのかが問われているともいえる。

　こうしたなかで，単なる内部の覗き見あるいは告発でもない，エスノグラフィーという技法に即した内部理解が求められているといえる。それは，研究者が現場の実践者や関係者といい意味で協働し，現実の変革の道筋を具体的な現場のなかに探し出すことを意味している。本書は，決して充分ではないが，そのための第一歩を記すための素材を提供していると思っている。多くの読者にご批評を請いたい。

　さて，最後になったが，本書の企画はすでに数年前からあり，そのため率先して参加してくれた執筆者ほどデータが90年代のものになってしまっている。これは，編者の責任であり，読者諸氏にもその点でご理解願いたいと思っている。今後機会を見て再度こうした企画で21世紀の高校のエスノグラフィーを著したいと思っている。ご期待願いたい。

索引

ア 行

空き時間　44, 47
アスピレーション・クライシス　157
安易な科目選択　28, 36
安定した授業時間　36
異質集団　135, 137
異質なものへの理解と寛容　136, 137, 146
伊奈学園総合高校　183
いわき光洋高校　184
インターンシップ　157
ＡＤ（ホーム担任）　126
エンカレッジスクール　156
エンパワーメント　5
オタク　165
objective な拘束　18, 21, 23
オルタナティブ（な語り）　161

カ 行

画一的なカリキュラム　14, 15, 36
学系　16, 17, 23
学系説明会の変更　26
学系選択指導　17, 20, 25
学系不適応　30, 36
学習指導要領　182
学習集団　148
学年制　43, 54
課題集中校（教育困難校）　157, 160
学校群制度　189
学校組織　18
学校文化　124
家庭志向　71
科目選択指導　17, 20
科目選択制　15, 16, 19, 31, 35
基礎的な講座　17, 22

気づき（awareness）　3
ギビングボイス　174
客観主義的エスノグラフィー　6
キャリア・カウンセラー　189, 191
旧制高校　197
教育活動の組織化　124, 125, 136, 148, 149
教育課程の改訂　17, 29, 31
教育困難校　169
教育実践　125, 136, 137, 149
教育理念　124, 125, 136, 137, 146, 148
教員集団　124, 131, 132, 134, 141, 148
教員文化　124, 148
教師　18
教師の意思決定　18
教師のイデオロギー　21, 23
教師の subjective な判断　18, 23
共生・共育　48
興味・関心を重視した進路選択　14, 35
桐ヶ丘高校　192
クリティカル・エスノグラフィー　172
郡部校　94
系統的な学習　36
原級留置　43
高校改革推進会議　184
高校再編計画　42
高校増設運動　45
高校の個性化・多様化政策　14
講座　16, 19
講座展開例　17, 21, 35
講座の内容　17, 19
構築主義的エスノグラフィー　6
コギャル　162
国立志向　30
国立大学受験型の学習　32
個性化　42

個人主義　50
個別指導計画　193
コラボレーション（collaboration）　3

サ　行

再帰的（reflexive）　2
産業社会と人間　195
ジェンダー・トラック　64, 65, 88
時間割編成の問題　20, 23, 35
自己決定的な退学　165
自己責任　49
自己中心　50
実績関係　99
実践　146
社会力　196
集合型選択性高等学校　183
自由選択科目　16, 19
自由な科目選択　20, 35
主観主義的エスノグラフィー　6
授業効率　28, 36
受験向きの講座　22
趣味・教養的な講座　17, 22
小学区制　180
少人数学系の先鋭化　17, 23, 36
白根開善学校　197
私立大学受験型の学習　32
新構想高校　45
新宿山吹高等学校　186
新制高校　181
人生の危機　158, 174
進路学習　110
進路指導　107
生活集団　127, 148
生徒集団　130
生徒の科目選択　34
生徒の進路選択　33
性役割規範　65, 86, 87, 88
セカンドチャンス　157
「選択」の理念　16
専門　32
全寮制高等学校　183
総合高校　184

総合制　180
総合選択制高校　15
綜合縦割りホームルーム制　137, 146

タ　行

体験学習　193
多数学系の不満　27
縦割りホームルーム制　124, 125, 126
多様化　42
単位制　42, 43
単位制高（等学）校　42, 183
単位制職業科高等学校　183
単位制の運用　46
男女共学制　180
地域に開かれた高等学校　183
チャーター　156, 157, 168, 169
チャレンジ・スクール　43, 186, 192
中退者　51
等質集団　135
土着の理論　136, 149
ドミナント（な語り）　161
都立高校白書　185
ドロップアウト　156

ナ　行

ナラティブ・セラピー　161
ネガティブ・チャーター　167, 168

ハ　行

排除　51
パターン化　36
パターン化した指導　25
バナキュラーな源泉
　　（vernacular resources）　4
晴海総合高校　189
必修科目単位数の増加　29, 30
フィールドノート　160
プラクティショナー　3, 5
フリーター　162, 166, 168, 170, 192
フレキシブル・スクール　43
文転　75, 89
ホーム制　146

マ　行

無知の姿勢　161
モデル・プラン　17, 21

ヤ　行

弥栄東・西高校　183

ラ　行

臨時教育審議会　184
浪人忌避　76, 77, 83
六年制高等学校　183

ワ　行

輪切り選抜　14
枠付け　15, 23, 31, 35

執筆者紹介 〈執筆順，＊印は編著者〉

●第1章，第7章
＊古賀正義（こが・まさよし）
1957年生まれ
　[現職名]　中央大学文学部教育学科教授
　[専門分野]　教育社会学
　[論文・著書等]『〈教えること〉のエスノグラフィー』（金子書房，2001年），『〈子ども問題〉からみた学校世界』（教育出版，編著，1999年），『〈社会〉を読み解く技法―質的調査法への招待―』（福村出版，編著，1997年）他

●第2章
荒川　葉（あらかわ・よう）
1973年生まれ
　[現職名]　専修大学非常勤講師
　[専門分野]　教育社会学
　[論文・著書等]「『総合選択制高校』科目選択制の変容過程に関する実証的研究―自由な科目選択の幻想―」『教育社会学研究』第64集（東洋館出版社，1999年），「学習指導組織・進路指導組織」樋田大二郎・耳塚寛明・岩木秀夫・苅谷剛彦編著『高校生文化と進路形成の変容』（学事出版，2000年），「高校の個性化・多様化政策と生徒の進路意識の変容―新たな選抜・配分メカニズムの誕生―」『教育社会学研究』第68集（東洋館出版社，2001年）など

●第3章
遠藤宏美（えんどう・ひろみ）
1975年生まれ
　[現職名]　筑波大学大学院
　[専門分野]　教育社会学
　[論文・著書等]「高校生の流行に対する意識と流行へのかかわり方―友人関係維持のためのストラテジーとアイデンティティ探し―」筑波大学教育社会学研究室編『高校生の友だち関係とメディアとのかかわりあいに関する調査』（1999年），「『サポート校』の特性と『サポート』の意味」『月刊高校教育』11月号（学事出版，2002年）など

●第4章
李　敏（り・びん）
1974年生まれ
　[現職名]　お茶の水女子大学大学院（前・中国同済大学外国語学院日本語学部講師）
　[専門分野]　教育社会学
　[論文・著書等]「女子高校生のジェンダー・トラックに関する実証的研究―Ｉ高校における進路調査結果を中心に―」『日本学研究論叢』（北京日本学研究センター，2000年），「高学歴社会における教育問題」『日本語研究』（同済大学出版社，2000年），「中国高等教育大衆化のインパクト」『未来経営』11号（フジタ未来経営研究所，2003年）

●第5章
石戸谷　繁（いしどや・しげる）
1952年生まれ
　［現職名］元青森県立弘前高等学校教諭
　［専門分野］進路指導，教育社会学
　［論文・著書等］「高校生の進路選択と進路指導についての教育社会学的研究」（進路指導協会創立70周年記念論文，1997年）

●第6章
荒川英央（あらかわ・ひでお）
1973年生まれ
　［現職名］日本学術振興会特別研究員
　［専門分野］教育社会学
　［論文・著書等］「学校での活動の組織化と集団形成」苅谷剛彦・酒井朗編著『教育理念と学校組織の社会学「異質なものへの理解と寛容」─縦割りホームルーム制の実践─』，『月刊高校教育』2月増刊号（学事出版，1999年），「移行期における中学校部活動の実態と課題に関する教育社会学的考察─全国7都県調査の分析をもとに─」（西島央・藤田武志・矢野博之各氏との共筆）『東京大学大学院教育学研究科紀要』第41巻（2002年），「旧制中等学校の科学教科書著作者の分析」『科学史研究』226号（岩波書店，2003年）

●第7章コラム
木村由希（きむら・ゆき）
　［現職名］茨城大学附属幼稚園（元・宮城教育大学大学院）

●第8章
門脇厚司（かどわき・あつし）
1940年生まれ
　［現職名］筑波女子大学教授・学長
　［専門分野］教育社会学
　［論文・著書等］『子どもの社会力』（岩波新書，1999年），『学校の社会力』（朝日選書，2002年），『親と子の社会力』（朝日選書，2003年），『日本教員社会史研究』（亜紀書房，編著，1981年），『東京教員生活史研究』（学文社，2004年），『高等学校の社会史』『高校教育の社会学』（東信堂，編著，1992年），『21世紀の教育と子どもたち・全4巻』（東京書籍，編著，2000年）他多数

学校のエスノグラフィー
　―事例研究から見た高校教育の内側―　　　　　　　　　　　〈検印省略〉

2004年5月31日　第1版第1刷発行

　　　　　　　　　　　編著者　古　賀　正　義

　　　　　　　　　　　発行者　中　村　忠　義

　　　　　　　　　　　発行所　嵯　峨　野　書　院
　　　〒615-8045　京都市西京区牛ヶ瀬南ノ口町39　電話(075)391-7686　振替01020-8-40694

© Masayoshi Koga, 2004　　　　　　　　　　　ベル工房・糀谷印刷・兼文堂

ISBN 4-7823-0398-X

　[R]〈日本複写権センター委託出版物〉
　本書の全部または一部を無断で複写複製（コピー）することは，著作
　権法上での例外を除き，禁じられています。本書からの複写を希望さ
　れる場合は，日本複写権センター（03-3401-2382）にご連絡ください。

教育のエスノグラフィー
―学校現場のいま―

志水宏吉 編著

教育研究のパラダイム革新を目指す第一線の研究者が，みずからの研究経験をふまえ，多方面からエスノグラフィーにアプローチしてゆく。本書を通して，現在の教育研究の分野におけるエスノグラフィックな研究の現状と今後の課題を知ることができるはずである。

Ａ５・並製・356頁・定価2835円（本体2700円）

学校臨床学への招待
―教育現場への臨床的アプローチ―

近藤邦夫・志水宏吉 編著

子どもや教師のストレスに対処する新しい分野―それが「学校臨床学」。臨床心理学と教育社会学と教育学の３つの分野の中心点に位置する。学校臨床学研究の最前線が１冊に。学校臨床学の幕開けを告げる書。

Ａ５・並製・337頁・定価2993円（本体2850円）

エスノグラフィー・ガイドブック
―現代世界を複眼でみる―

松田素二・川田牧人 編著

エスノグラフィーを，実際に開いて読むことができ，その視点や方法が，他分野に対して開かれたものとするため，エスノグラフィーとは分類されなかった様々な本をエスノグラフィーとして扱い，その範囲自体をも広げるガイドブック。ベテラン研究者のコラムも必読。

Ａ５・並製・320頁・定価2940円（本体2800円）

フィールドワークを歩く
―文科系研究者の知識と経験―

須藤健一 編

気鋭の研究者38人が，フィールドワークの始まりから論文ができるまでのプロセスを追って，それぞれの知識と経験を披露する，異色のフィールドワーク入門。社会学／民俗学／文化人類学／文学／歴史学／人文地理学の６分野。多彩なフィールドからスキルを盗もう！

Ａ５・並製・400頁・定価3675円（本体3500円）

嵯峨野書院